AF453263

APERÇU

SUR LES

UNIONIDÆ.

APERÇU

SUR LES

UNIONIDÆ

DE LA

PÉNINSULE ITALIQUE

PAR

M. J. R. BOURGUIGNAT.

PARIS

IMPRIMERIE DE JULES TREMBLAY

RUE DE L'ÉPERON, 5.

—

JUILLET 1883

Ce n'est pas une monographie des espèces italiennes des genres UNIO, LEGUMINAIA et ANODONTA que je veux donner en ce moment. C'est simplement une liste des différentes formes italiques de ces trois genres, avec l'indication de quelques signes distinctifs pour les espèces nouvelles ; je donnerai, plus tard, les descriptions complètes de chacune de ces bivalves dans mes *Matériaux pour servir à l'histoire naturelle des Mollusques Acéphales du système européen*, matériaux un peu retardés pour l'instant à cause de la grande abondance d'espèces que je reçois de tous côtés, abondance qui m'oblige à remettre la suite de cette publication pour la rendre plus complète.

Je dois la connaissance du plus grand nombre des espèces, que je vais signaler, à l'obligeance et à l'affabilité de MM. Issel, Gestro, marquis Doria, Uzielli,

II. Blanc, L. Benoit, marquis de Monterosato, R. del Preto, Adami, etc., et, dans les temps, de MM. Stabile, Pecchioli, Lawley, Villa, etc.

UNIO.

L'étude des Unios italiens est, pour ainsi dire, encore dans l'enfance, par suite de la mauvaise habitude qu'ont eue les savants de la péninsule de tout rapporter, sans contrôle, au *pictorum* et au *Requieni*.

Villa (Bull. Malac. ital., 1871) et une autre personne, en 1878, ont donné une liste d'espèces, ou soi-disant espèces, constatées en Italie. Parmi les formes citées, je ne connais pas les *destructilis* et *ovalis* (1); quant à celles mentionnées sous la désignation d'Ardusianus, crassus, Moquinianus, elongatulus, batavus, nuperus, Turtonii, sericatus, platyrhynchus, pictorum, pallens, carneus, limosus, longirostris, Requieni, tumidus, etc., je suis plus que convaincu que, sous ces appellations fautives, se cachent des espèces distinctes de celles dont elles portent les noms.

Philippi, Spinelli, Gentiluomo, Pecchioli, et récemment Adami, ont fait représenter de *bonnes* espèces italiennes, telles que les Gargottæ, Spinellii, Lawleyianus, Laderclianus, Stephaninii, Molteni, umbricus et opisodartos, tandis que Stabile et mon ami Kobelt ont donné les figures d'un certain nombre

(1) Des auteurs italiens.

d'autres formes, sur lesquelles je crois devoir exprimer ma pensée.

Ainsi :

Fig. 72. — Sous le nom d'*Unio longirostris* (Fauna elvetica, p. 60, 1865), et sous celui de *Requieni*, var. *vulgaris* (Moll. Lugano, p. 48 et 62, 1859), Stabile a fait connaître une forme du groupe du *falsus*, forme que je ne puis assimiler à aucune de celles qui me sont connues, par conséquent que je conserve sous l'appellation de *vulgaris*. J'excepte de cette espèce, la petite forme, à rostre écourté, à stries légèrement ellipsoïdes, représentée à la figure 75.

Fig. 73. — Sous le nom de *pictorum*, var. *parva* (Fauna elvetica, p. 61), ce même auteur a donné la représentation d'une petite espèce, à sommets presque médians, à bord inférieur *fortement* convexe, espèce du groupe de l'*eucallistus*. Cette forme (du lac de Côme), qui ressemble en petit et en écourté au type de ce groupe, pourrait prendre l'appellation d'*eucallistellus*, pour rappeler ses rapports et son degré de parenté. Je ne puis conserver à cette forme le nom de *parvus*, parce que Barnes a décrit déjà un Unio sous cette même appellation.

Fig. 74. — Sous le nom de *tumidus* (F. elv. p. 61), puis sous celui de *Requieni*, var. *oriliensis* (Moll. Lug., p. 48 et 62, 1859), ce même malacologiste a donné la figure d'une bonne espèce, à laquelle il convient de rapporter à titre de variété (car les trois caractères différentiels n'existent pas) le *robustus* de Villa.

Fig. 75. — Sous le nom erroné de *glaucinus* (F. elv., p. 61). et. sous celui de *Requieni*. var. *vulgaris* (al- ... ... et 62., 1859), le pauvre ... . une grossière représentation d'une ...... qui n'a pas le moindre rapport avec le *glaucinus* de Ziegler, mais qui n'est qu'une mauvaise fige e du *potamius* des lacs de Suisse.

Enfin, sous le vocable (f. 76) de *Requieni* (F. elv., p. 62), cet auteur a encore fait connaitre l'*Unio meretrix*.

En somme, à mon sens, Stabile, sous les noms que je viens de citer, a voulu désigner les Unios *vulgaris*, *cucallistellus*, *oriliensis*, *potamius*, et *meretrix*.

Quant à cet auteur allemand, qui semble avoir la spécialité des mauvaises déterminations, voici mon opinion sur ses Unios italiens.

Fig. 1145. — Cet Unio nommé *romanus* (Kobelt) sur la planche et *Requieni* var. *romana* dans le texte (p. 61, 1877), sans doute dans le dessein de satisfaire ious les goûts, ce qui est une délicate attention, dont il faut savoir apprécier la haute valeur, est l'*Unio romanus* de Rigacci (Cat. conch., p. 18, nᵒ 1374, 1874). M. Kobelt a eu tort de s'approprier le bien d'autrui en plaçant cette espèce sous son nom.

Fig. 1146. — Cet Acéphale nommé *Aradasii* sur la planche et *Aradæ* dans le texte (p. 62), toujours d'après le même système, n'est pas l'*Aradæ* de Philippi, mais l'espèce que cet auteur avait assimilée, avec un point de doute, au *Turtoni* de Payraudeau (Moll.

Sic., I, p. 67, 1836, et II, p. 49, 1844), espèce que j'ai dédiée au malacologiste sicilien A. Bivona, sous l'appellation d'*Unio Bivonianus*.

Fig. 1147.—Cette coquille considérée (toujours sous les noms d'Aradasii et d'Aradæ) comme une variété de l'espèce de Philippi, est justement le type de ce savant malacologiste. Philippi signale son Aradæ de la fontaine des Francs (Francofonte).

Fig. 1148. — Cette Mulette des environs de Mantoue, représentée sous la désignation *vraiment stupide de Requieni*, est un bel échantillon de mon *Unio pedemontanus*. Il faut être assurément dénué de bon sens, ou n'avoir jamais ouvert le Complément de Michaud, où le vrai *Requieni* d'Arles se trouve très bien représenté, pour avoir le front d'émettre une semblable opinion. Les auteurs italiens qui ont, au dire de l'auteur francfortois, assimilé cette forme à la *longirostris* de Ziegler ont eu infiniment plus de coup d'œil et de bon sens que ce *bon ami* Kobelt, parce que cette espèce est du même groupe que celle de Ziegler ; tandis que le *Requieni* fait partie d'une série toute différente.

Fig. 1149. — Cette forme luganienne, du groupe des *meretrix* et d'*Anconæ*, est une espèce de la collection de Rossmässler, établie par Shuttleworth, sous le vocable de *Blauneri*. L'abbé Stabile (Moll. Lug., p. 63) avait déjà fait connaître cette espèce dès 1859.

Fig. 1952.—*Unio cumensis*, ou mieux *cumanus*, du lac de Cumes. Bonne espèce que j'ai reçue autrefois du lac d'Idro en Lombardie comme étant le vrai Spinellii de Villa, ce qui est faux.

Fig. 1953. — *Unio cumensis var.*, également du lac de Cumes. Cette forme qui n'a pas de rapport avec le *cumensis*, mieux *cumanus*, est une variante un peu moins recourbée de l'*Unio* arca de Held (2ᵉ édit. Chemnitz, p. 77, pl. xx. f. 12, et Kobelt, Iconogr., f. 1144). L'*arca* est une espèce des lacs de Bavière, de Suisse, de France (lac du Bourget) et de Lombardie.

Comme on le voit, à l'exception du *Blauneri* de Shuttleworth, publié dès 1859 par Stabile, et du *cumensis (cumanus)*, tous les autres Unios sont ou mal nommés, ou bêtement appréciés.

Je crois devoir prévenir que toutes les espèces dont je vais présenter les caractères les plus essentiels, sont décrites d'après la nouvelle méthode, c'est-à-dire d'après cette méthode naturelle qui accorde aux sommets la prédominance sur toute la ligne du contour supérieur.

Un mot au sujet du nom Unio.

Ce nom générique a été établi page 16 dans la *Dissertatio historico-naturalis sistens nova Testaceorum genera*, thèse soutenue « ad diem x decembris mdcclxxxviii » devant le président D. M. Andr. J. Retzius, par Laurentius Münter PHILIPSSON scanus.

Cette thèse peu connue, à cause de son excessive rareté, est de Philipsson et non de Retzius, comme l'indique, du reste, la dédicace suivante que l'auteur a placée en tête de sa dissertation.

« A Madame Charlotte-Jeanne Dalman, née comtesse de Snoilsky. — Qu'il me soit permis, très gracieuse comtesse, de vous offrir cet ouvrage académique, qui renferme la description d'une partie des plus belles et des plus précieuses productions de la nature. Si vous daignez lui accorder la protection de votre nom illustre, je serai d'autant plus au comble de mes vœux, que j'aurai en même temps l'honneur de vous rendre une marque publique du plus profond respect avec lequel je suis, Madame la Comtesse, votre très humble et très obéissant serviteur, Laurent M. Philipsson. »

Après cette citation, je crois que l'on ne viendra plus donner à Retzius ce qui appartient à Philipsson.

Les Unios de la péninsule italique sont, à ma connaissance, au nombre de 53. Ils appartiennent à 20 groupes différents.

*
* *

UNIO SINUATUS.

Unio sinuata, *Lamarck*, Anim. s. vert., VI, ɪ, 1819, p. 70 ; — et, Unio sinuatus, *Dupuy*, Hist. Moll. (6ᵉ fasc., 1852), p. 630, pl. xxiii, f. 7.

Je ne connais d'Italie que cette espèce de ce groupe. Quelques auteurs ont mentionné le *rhomboïdeus* (littoralis), mais je ne sache pas que cette Mulette ait été réellement trouvée dans les eaux de la péninsule.

Le *sinuatus* vit dans les grandes rivières de la

Lombardie, où il a été rencontré dans le Pô, et notamment dans les rivières de la province de Padoue,
à Brancaglia, près d'Este, dans le canal de Cagnola,
près Gorgo et Bevolenta, etc...

*
* *

L'espèce, que je vais signaler sous le nom de *latinus*, fait partie du groupe du *mancus*. C'est, également, la seule forme italique que je connaisse de
cette série.

UNIO LATINUS.

Petite coquille ovalaire, assez courte, à région
postérieure sensiblement descendante, faiblement
sinuée au bord inférieur et légèrement bâillante en
avant. Valves assez minces, intérieurement pourvues
d'une belle nacre blanche, et extérieurement d'un
épiderme finement strié, d'une teinte cendrée-oli-
vâtre, se fonçant vers les contours et passant au
jaune sur les sommets, qui sont proéminents, non
arrondis, mais paraissant comme taillés en biseau,
par suite d'un léger méplan médian, et ornés, en
outre, d'un mode de rugosités ressemblant à celui de
l'*Unio Vescoi*, de Turquie. Bord supérieur arqué.
Région antérieure médiocre, arrondie. Bord inférieur
recto-descendant avec une légère concavité médiane.
Région postérieure assez courte, relativement haute
et s'atténuant en une partie rostrale largement arrondie
et sensiblement descendante. Ligament assez court,

saillant. Cardinale triangulaire, haute et comprimée.
Latérale très haute seulement à son extrémité. Lunule très allongée (7 millim.).—Long. max. 47 ; haut.
perp. 24 ; max. 26, à 16 en arrière de la perp. ;
épaiss. 16 ; dist. des sommets à l'angle 24, et de cet
angle au rostre 19 ; rég. ant. 14, post. 33 millim.

J'ajouterai que, chez cette espèce, la convexité est
surtout accentuée sur la ligne de l'arête dorsale.

Le *latinus* a été recueilli par moi dans les Marais-
Pontins, sur le bord du canal qui longe la grande
route de Terracine à Velletri.

*
* *

Le groupe des *Penchinatianus* et *subreniformis*
d'Espagne est représenté par les deux espèces suivantes :

UNIO OPISODARTOS.

Unio opisodartos, *Adami*, Nuove forme ital. gen.
Unio, in: Bull. Soc. malac. ital., VIII, 1882,
p. 134, f. 9-10.

Canal dérivatif de l'Oglio à Chiari, entre Milan et
Brescia.

UNIO SEBINENSIS.

Unio Sebinensis, *Uzielli*, mss.

Belle espèce du lac d'Iseo, en Lombardie, d'une

forme allongée dans une direction descendante et un tant soit peu spatuliforme, lorsqu'elle est bien adulte. Valves assez minces, finement striées (stries légèrement feuilletées vers les contours), recouvertes d'un épiderme d'un jaune violacé uniforme, et pourvues à l'intérieur d'une nacre blanche irisée de tons plombés-jaunacés dans les endroits correspondants aux érosions externes. Convexité accentuée vers les sommets (toujours profondément érosés) gros, arrondis, assez proéminents et très en avant. Bord supérieur rectiligne, un tant soit peu déclive. Région antérieure très exiguë, près de quatre fois plus petite que la postérieure. Bord inférieur convexe-descendant. Région postérieure très allongée, allant en augmentant en hauteur jusqu'à 25 en arrière de la perpendiculaire, puis s'atténuant régulièrement jusqu'à une partie rostrale arrondie. Ligament court, saillant. Cardinale grosse, peu élevée, triangulaire. Latérale haute seulement vers son extrémité où elle s'amincit. Lunule étroite, très allongée (11 millim.). — Long. max. 56 ; haut. perp. 26 1/2, max. 29 ; épaiss. max. 20 ; dist. des sommets à l'angle 30, et de cet angle au rostre 24 1/2 ; rég. ant. 13 1/2, post. 43 millim.

*
* *

Les quatre Mulettes italiennes, qui suivent, font partie du groupe du *Felicieni* de France et d'Allemagne.

UNIO ORILIENSIS.

Unio tumidus, *Stabile*, Fauna elvetica, p. 61, f. 74,
    1846 ; et, Unio Requieni, *var.* oriliensis,
    Stabile, Moll. Lug., p. 48 et 62, 1859.

Forme remarquable par la grande hauteur de sa
région antérieure comparée à sa région postérieure,
qui s'atténue en un rostre inférieur assez aigu. Arête
dorsale prononcée, par suite d'un léger sillon qui se
prolonge jusqu'au bord inférieur, où il s'accuse par
une faible sinuosité.

Il convient de rapporter à cette espèce l'*Unio robustus* de Villa et Drouet (*Journ. Conch.*, p. 140,
1879), qui diffère à peine de l'*Oriliensis*, si ce n'est
par une apparence un peu moins haute antérieurement.

Chez l'*Oriliensis*, le rostre, très variable, est tantôt
écourté ou allongé, tantôt arrondi, subaigu, incurvé
ou enfin subtroncatulé.

Le type *Oriliensis* vit dans le lac Orilio, à Origlio ;
la variété *robusta* dans les lacs de Côme, Majeur, etc.
En somme, cette espèce se rencontre dans la plupart
des lacs de l'Italie septentrionale.

UNIO STEPHANINII.

Unio Stephaninii, *Adami*, Nuove forme ital. Unio,
    in : Bull. Soc. mal. ital., VIII, 1882, p. 129,
    f. 1-2.

Cette coquille, voisine de l'*Oriliensis*, caractérisée par sa partie rostrale largement arrondie, habite le lac de Castel Toblino, dans la vallée de Sarca à Trenta.

UNIO CORROSUS.

Unio corrosus, *Villa*, Disp. syst. conch., p. 61, 1841.

Cette Mulette peu connue, que j'ai reçue dans le temps de l'auteur, est une forme oblongue-ovalaire sans une seule partie anguleuse sur les contours ; la convexité est régulière ; les valves sont épaisses, crétacées, recouvertes d'un épiderme d'un jaune-cendré marron souvent très foncé passant au rougeâtre vers les sommets (toujours érosés) très antérieurs, gros, obtus et non proéminents ; la cardinale ressemble à un gros tubercule triangulaire, crénelé au sommet ; la latérale, mince, est très saillante à son extrémité. —Long. max. 57 ; haut. max. 30 ; épaiss. 20 millim.

Cette forme vit dans les lacs de Lombardie, notamment dans le lac Pusiano.

Porro (Mal. com., 1838, p. 114) a signalé également du lac Pusiano, sous le nom d'*elongatulus* en y joignant, en synonymie, l'*Unio corrosus* de Villa, une espèce qui, d'après les caractères indiqués, ne me parait pas devoir être rapportée au vrai corrosus.

UNIO CAMPSUS.

Unio campsus, *Uzielli*, mss.

Espèce oblongue-allongée dans une direction déclive par suite de sa partie rostrale atténuée en un rostre légèrement incurvé. Valves sinueuses, inférieurement assez épaisses, intérieurement pourvues d'une belle nacre tantôt blanche, tantôt saumonée, et extérieurement recouvertes par un épiderme médiocrement strié (stries fines sur la région ombonale, devenant vers les contours plus fortes, feuilletées et même lamelleuses), et d'une teinte marron uniforme. Sommets obtus, peu proéminents, très antérieurs. Arête dorsale arquée dans le même sens que le contour supérieur. Région antérieure médiocre, arrondie, décurrente à la base. Bord inférieur descendant, sinué vers sa partie moyenne. Région postérieure allongée, s'atténuant d'une façon incurvée et se terminant par un rostre inférieur obtus, parfois troncatulé. Ligament long, peu saillant. Cardinale forte, à base épaisse, de forme triangulaire et bien denticulée. Latérale comprimée, très saillante. Lunule fort exiguë. — Long. max. 60, haut. perp. et max. 29 (cette hauteur s'étend jusqu'à 23 millim. en arrière de la perpendiculaire) ; dist. des sommets à l'angle 24 et de l'angle au rostre 31 ; rég. ant. 17, post. 44 millim.

Le type se trouve dans le canal entre Pise et Saint-Julien-les-Bains.

On rencontre dans le canal d'irrigation de l'Orezzi

(près de Lucques) une variété à valves un peu moins
bombées et à région postérieure faiblement incurvée.

*
* *

Le groupe de l'*Unio amnicus*, Ziegler, dans lequel je comprends les Berthelini, Bartani, dilophius,
Bruguierianus de moi, minutulus de Ray, Cyrniacus
de Mabille (1), riparius de Scholtz, etc... a pour représentants en Italie les deux formes suivantes :

UNIO VERBANICUS.

Unio verbanicus, *Letourneux*, 1879.

Coquille de faible taille, de forme ovalaire, presque
aussi arrondie en avant qu'en arriére, à valves assez
épaisses, légèrement bâillantes antérieurement et postérieurement. Épiderme çà et là assez fortement strié,
d'un ton brun-jaunacé un peu verdâtre avec des zones
plus foncées et quelques radiations vertes sur le rostre.
Nacre blanche bien irisée, avec des nuances saumo-
nées sous les sommets. Bord supérieur régulièrement
arqué. Région antérieure ronde. Bord inférieur très

(1) Cette espèce, qui vit en Corse, aux environs de Porto-Vecchio,
se distingue de l'Unio Bandini (Kuster, in : Rossmässler, Iconogr.,
f. 341, — Unio subdentatus, Ziegler), par sa forme moins haute,
plus allongée; par sa région antérieure plus exiguë; par son
bord inférieur recto-descendant; par sa partie rostrale plus
obtuse; par sa charnière plus robuste, dont la cardinale, plus
forte, est triangulaire.

faiblement convexe dans une direction descendante. Région postérieure deux fois plus longue que l'antérieure, conservant la même hauteur jusqu'à 27 en arrière de la perpendiculaire, puis s'atténuant en un rostre arrondi un peu inférieur. Sommets (toujours érosés) très obtus, à peine proéminents et arrondis. Ligament très saillant, de moyenne longueur. Cardinale très élevée, comprimée, de forme triangulaire, tronquée au sommet où l'on remarque quelques denticules. Latérale régulièrement saillante dans toute son étendue, comprimée, à arête tranchante. Lunule assez grande (6 millim.).—Long. max. 52 ; haut. perp. et max. 27 ; épaiss. 18 (la convexité est surtout accentuée sur la région ombonale) ; dist. des sommets à l'angle 26, et de l'angle au rostre 20 ; rég. ant. 16 ; post. 36 millim.

Cet Unio a été recueilli par M. le conseiller Letourneux, en 1879, sur le bord du lac Majeur, près de Laveno.

UNIO GLAUCINUS.

Le *glaucinus* de Ziegler (espèce inédite) est une forme italienne, connue seulement des auteurs de la péninsule, forme qui cependant n'a jamais même été bien comprise par eux. Les uns la regardent comme une variété du sempiternel *Requieni;* les autres ont pris pour elle d'autres espèces, comme Stabile (fig. 75), qui a donné, à sa place, une mau-

vaise représentation du *potamius*, ou comme Porro
(Mal. com. p. 115, 1838), qui a décrit incontestablement sous l'appellation de glaucinus une forme différente (1), qui m'est inconnue.

J'ai reçu d'un grand nombre de malacologistes,
sous le vocable de *glaucinus*, des échantillons très
distincts les uns des autres. Je dois avouer que si je
n'avais pas eu la chance d'avoir pu me procurer, dans
le temps, un individu type de cette espèce, je ne serais
jamais parvenu à me reconnaître dans le dédale de
ces noms fantaisistes.

Le *glaucinus* est une petite espèce (l. 40-45 ; h.
21-22 ; ép. 7-9 mill.) de forme ovalaire-allongée,
peu ventrue, même parfois légèrement méplane, à
valves assez délicates, bien brillantes, très finement
striées, d'une belle couleur jaunacée-verdâtre, avec
des tons verts plus accentués en arrière. Les sommets
médiocres, peu proéminents, très antérieurs, sont
chargés de fortes rugosités. Le bord supérieur, arqué,
descend d'une façon bien convexe jusqu'au rostre qui
est inférieur, mais non incurvé. La région antérieure
est exiguë ; la postérieure, trois fois plus longue, s'atténue dans une direction un peu descendante. Le
bord inférieur est rectiligne-descendant. Le ligament,
court, est saillant. La cardinale subquadrangulaire,
bien denticulée, est assez épaisse. La latérale est fort
saillante et la lunule très allongée.

(1). Ce *glaucinus* de Porro possède notamment un rostre qui
s'incurve inférieurement, des sommets gonflés, etc..... Ces signes
ne conviennent pas au vrai glaucinus.

On rencontre cette Mulette dans un grand nombre
de petits cours d'eau ou de canaux du Milanais. Je
l'ai reçue dernièrement des environs de la Chartreuse
de Pavie, près de Milan. Les échantillons de cette
localité sont un peu plus ventrus que le type.

Les espèces de ce groupe, très voisin de celui de
l'*amnicus*, sont des formes italiennes que je laisse
dans une série à part, parce qu'elles ont un cachet
tout particulier, et qu'elles ne paraissent pas pouvoir
rentrer exactement dans aucun des groupes que je
connais.

UNIO BRACHYRHYNCHUS.

Unio brachyrhynchus, *Drouët*, in : Journ. Conch.,
  p. 246, 1881.

Cette coquille, abondante dans le lac de Garde, à
Sermione et à Desenzano, est une forme que plu-
sieurs auteurs italiens, entre autres de Betta (Mal.
Veneta, 1870, p. 136), ont prise pour le Gurkensis de
Ziegler.

UNIO GURKENSIS.

Unio Gurkensis, *Ziegler*, mss.

Le *Gurkensis* est un Acéphale ressemblant par sa
coloration au *brachyrhynchus* du lac de Garde, avec
lequel, du reste, il vit en communauté.

Le Gurkensis, d'une taille généralement plus forte, d'une convexité plus prononcée, possède des sommets plus gros, plus obtus et plus proéminents. Il se distingue notamment du *brachyrhynchus* par sa région postérieure différente, ainsi que par son bord inférieur.

Chez le *brachyrhynchus*, la région postérieure s'atténue en une courte partie rostrale inférieure ; son contour supérieur, des sommets au rostre, d'abord arqué, *se convexe* ensuite fortement en descendant sur le rostre ; le bord inférieur, sur lequel on remarque parfois un sentiment de sinuosité peu sensible, recto-déclive dans toute son étendue, remonte à peine à son extrémité.

Chez le *Gurkensis*, le rostre n'est pas inférieur, mais presque médian ; plus étroitement arrondi, il se détache mieux du corps de la coquille, parce que les contours de la région postérieure sont différents de ceux de l'espèce précédente.

Ainsi : le bord supérieur, recto-déclive jusqu'à l'angle, descend, ensuite, sous une inclinaison rectiligne, jusqu'au rostre. Le bord inférieur, de son côté, après un contour arqué jusqu'à 15 millimètres en arrière de la perpendiculaire, où il offre en cet endroit une convexité sensiblement prononcée, remonte vers le rostre d'une façon rectiligne.

Cette convexité du bord inférieur est due à un léger renflement, malgré tout assez sensible, de la ventrosité des valves, renflement qui commence à se faire sentir à la région ombonale pour s'étendre jusqu'au bord inférieur, où il s'accuse par cette convexité que je viens de signaler. Chez le *brachyrhynchus*, à la place de ce renflement, le test présente parfois un sentiment de sinuosité, ce qui est bien différent.

Long. max. 49 ; haut. perp. et max. 25 (cette même hauteur se poursuit jusqu'à 15 millim. en arrière de la perpendiculaire); dist. des sommets à l'angle 24, et de l'angle au rostre 19 (chez le *brachyrhynchus*, l'angle est également distant des sommets et du rostre); rég. ant. 13, post. 35 millim.

Le *Gurkensis* provient du lac de Garde, où on le trouve, ainsi que l'espèce précédente, près de Desenzano.

UNIO DELPRETEI.

Petite espèce ovalaire dans une direction descendante, à partie rostrale inférieure, à valves médiocrement épaisses, intérieurement pourvues d'une nacre blanche, irisée de nuances livides, extérieurement recouvertes d'un épiderme d'une teinte marron uniforme très foncée, et sillonnées par des stries assez grossières, légèrement feuilletées vers les contours. Sommets très antérieurs, chargés de rugosités, arrondis, très obtus, à peine proéminents. Bord supérieur arqué, descendant jusqu'au rostre. Région antérieure exiguë, arrondie, décurrente à la base. Bord inférieur convexe-descendant, fort peu remontant, à son extrémité, vers le rostre. Région postérieure près de trois fois plus longue que l'antérieure, conservant à

peu près la même hauteur jusqu'à 12 millim. en arrière
de la perpendiculaire, puis s'atténuant en un rostre assez
aigu et inférieur. Convexité peu prononcée, régulière.
Ligament saillant, très court, n'arrivant qu'à moitié
de la latérale (comme presque, du reste, chez toutes
les espèces de ce groupe), ce qui fait que l'angle postéro-dorsal, qui est fortement émoussé chez cet Unio,
se trouve en contre-bas de l'extrémité du ligament. Cardinale assez robuste, subquadrangulaire. Latérale très
allongée, médiocrement élevée. Lunule très longue.
Empreinte musculaire antérieure zonulée, comme
chez toutes les espèces de ce groupe.— Long. max. 46;
haut. perp. 24, et max. 25 à 12 en arrière de la perp.;
épaiss. 15; dist. des sommets à l'angle 22 1/2, et de
l'angle au rostre 19 1/2 ; rég. ant. 12, post. 34 millim.

Le type se trouve à Castelgoffredo (province de
Brescia), d'où il m'a été adressé par M. R. del Prete,
sous le nom de *subtilis*, nom que ce conchyliologiste
devait tenir évidemment du père de la science
qui, en cette circonstance, n'a pas fait preuve d'un
coup d'œil bien drouët.

On rencontre encore cette forme dans le petit lac
de Mergozzo, près le lac Majeur. Chez les échantillons de ce lac, le rostre n'est pas aussi nettement inférieur que chez ceux de Castelgoffredo.

*
* *

Ce groupe établi pour les espèces ellipsoïdes, et
dans lequel je place les *ellipsopsis*, *ellipsoidæus*
(Bourg.), *Ryckholti* (Malzine), etc..., est une série

voisine de celle des *Batavus*. La Mulette italienne, que je comprends dans ce groupe, est l'

UNIO POTAMIUS.

Unio potamius, *Bourguignat*, in : *Locard*, Prodr. Fr., p. 289 et 359, 1882.

Cette coquille, qui vit en France et dans la plupart des lacs de la Suisse, est celle que Stabile a fait (très imparfaitement) représenter, sous le nom de *glaucinus*. dans sa Fauna elvetica, 1846, f. 75; puis, qu'il a mentionnée, sous l'appellation d'Unio Requieni, *var.* vulgaris (pars), dans ses Mollusques de Lugano (p. 48 et 62, 1859).

Le *potamius* de l'abbé Stabile provient de la Trésa, rivière qui sort du lac de Lugano pour se jeter dans le grand lac Majeur.

*
* *

La Mulette sicilienne, que je vais signaler, est une coquille qui, par l'ensemble de ses caractères et par le riche dessin des rugosités de ses sommets, appartient au groupe de l'*Ionicus* de H. Blanc, groupe qui comprend toute une suite de superbes espèces des iles Ioniennes, de Grèce et des Dardanelles, telles que les Cœcilianii, Santæ-Mauræ, Nicolaii, Socolianus, Corcyrensis, campylus de Letourneux, 1878, Vescoi et Hellenicus de moi, Schwerzenbachi de Parreyss, etc.

UNIO BENOITI.

Cette espèce, que j'ai reçue dans le temps de Luidgi Benoit, de Messine, vit en Sicile. Malheureusement je ne connais pas la station exacte où a été recueillie cette Mulette, par suite de la mauvaise habitude qu'ont tous les savants siciliens, à l'exception du marquis de Monterosato, de ne jamais fournir le nom d'une localité de leur pays.

Cet Unio, d'un cendré-olivâtre uniforme, s'éclaircissant vers les sommets, est une coquille d'une forme écourtée, très haute pour sa longueur, tantôt ovalaire-subarrondie, ou tantôt ovalaire un tant soit peu subtétragone, à valves épaisses, pesantes, pourvues intérieurement d'une nacre blanche bien irisée, et sillonnées extérieurement par des striations émoussées, feuilletés vers les contours. Sommets gros, arrondis, proéminents, chargés d'une multitude de petites rides zébriolées ou fulgurantes, analogues à celles que l'on observe chez les espèces de ce groupe.

Bord supérieur arqué, descendant jusqu'à la partie rostrale. Région antérieure assez largement développée, bien ronde, quoique un peu décurrente à la base. Bord inférieur faiblement convexe-descendant. Région postérieure conservant la même hauteur jusqu'à 15 millimètres en arrière de la perpendiculaire, puis s'atténuant en une partie rostrale inférieure bien arrondie. Convexité régulière. Ligament allongé, saillant. Cardinale très forte, très élancée, assez épaisse,

subquadrangulaire et fortement denticulée. Latérale
forte et saillante seulement à son extrémité. Lunule
courte, triangulaire. — Long. 58; haut. perp. et
max. 33 ; angle postéro-dorsal à égale distance
(26 millim.) des sommets et du rostre ; rég. ant. 19,
post. 39 millim.

*
* *

Les trois espèces suivantes sont des Unios de forme
ovoïde ou ovalaire-écourtée, à valves pesantes et
épaisses. Elles peuvent, par l'ensemble de leurs signes
distinctifs, former un groupe particulier.

UNIO UZIELLII.

Coquille de forme ovoïde, écourtée, relativement
très ventrue, à valves *épaisses*, *pesantes*, d'une
teinte marron uniforme plus ou moins noirâtre, et
sillonnées par des stries concentriques saillantes et
grossières. Région antérieure plus développée en
hauteur que la postérieure qui est courte, obtuse et
comme tronquée. Bord supérieur faiblement arqué.
Bord inférieur convexe, ou parfois avec une sinuosité vers les deux tiers postérieurs. Sommets (érosés)
bombés, ventrus, très obtus. Nacre d'un blanc
orangé. Charnière très robuste. Cardinale épaisse,
allongée, très élancée, tantôt subtrigone, tantôt subquadrangulaire, à sommet plus ou moins denticulé.
Latérale forte et élevée. Ligament noir, non saillant.
— Long. max. 67; haut. perp. et max. 38; épaiss. 26;

dist. des sommets à l'angle 31, et de cet angle au rostre 24 (cette mesure dénote une partie rostrale très courte); rég. ant. 27, post. 41 millim.

Cette forme remarquable, que je dédie au professeur Vittorio Uzielli de Livourne, a été trouvée dans le lac de la villa Doria Pamphili à Rome.

UNIO VITTORIOI.

Cette espèce, à laquelle j'attribue le prénom du prof. Vittorio Uzielli, a été rencontrée près de Pise, dans la rivière de la Madonna dell'Acque, affluent de l'Arno. Je connais un échantillon peu typique, du ruisseau du lac de Bientina, que je rapporte à cet Unio, à titre de variété *minor*.

Acéphale exactement ovalaire, peu allongé, assez ventru, à valves également *épaisses, pesantes,* recouvertes d'un épiderme marron, avec des zones concentriques plus ou moins foncées et sillonnées par des stries grossières, légèrement feuilletées vers les contours. Région antérieure un peu moins développée en hauteur que la postérieure, qui est assez courte, obtuse et subarrondie. Bord supérieur arqué. Bord inférieur déclive, faiblement convexe (celui de l'*Uziellii* plus convexe, est comme ascendant, par suite du grand développement de la région antérieure). Sommets ventrus, moins globuleux que ceux du précédent. Ligament marron, saillant. Nacre d'un blanc irisé, à reflets plombés-bleuacés. Charnière robuste. Cardinale triangulaire, plus épaisse et moins élevée

que celle de l'*Uziellii*.—Long. max. 62 ; haut. perp.
et max. 34 (cette hauteur se poursuit la même jusqu'à 27 millim. en arrière de la perpendiculaire) ;
épaiss. 24 ; angle postéro-dorsal à égale distance
(25 millim.) des sommets et du rostre (ce qui n'a pas
lieu chez l'*Uziellii*) ; rég. ant. 22 ; post. 40 millim.
(la région postérieure est donc relativement plus développée que celle de l'Unio précédent).

UNIO PISANUS.

Unio pisanus, *Uzielli*, mss.

Jolie espèce relativement haute pour sa longueur,
médiocrement convexe, très faiblement sinuée,
d'une forme écourtée ayant l'apparence un tant soit
peu subtétragonale, par suite de son contour postéro-
supérieur descendant assez brusquement sur le rostre. Valves épaisses, mais cependant moins que celles
des deux Unios précédents. Épiderme d'une belle
teinte jaune-paille, avec des zones verdâtres qui s'al-
ternent avec d'autres plus foncées. Stries grossières et
assez saillantes. Sommets arrondis, peu ventrus avec
4 ou 5 petites tubérosités. Bord supérieur arqué dans
toute son étendue. Région antérieure médiocre,
arrondie, décurrente à la base. Bord inférieur
sinué vers sa partie médiane. Région postérieure
relativement courte, s'atténuant en une partie rostrale arrondie, regardant inférieurement. Intérieur
d'une nacre blanche bien irisée. Ligament marron, peu saillant. Charnière robuste. Cardinale
épaisse, subtriangulaire, tronquée au sommet et

faiblement denticulée. Latérale longue, élevée. —
Long. max. 58; haut. perp. et max. 31 ; épaiss.
max. 19; angle post. dors. à égale dist. (25 millim.) des
sommets et du rostre ; rég. ant. 20, post. 38
millim.

Le *Pisanus* vit dans le ruisseau de la Madonna
dell' Acque, à Pise.

*
* *

Deux Mulettes, le *proechus* et le *cumanus* appartiennent à la série du *Berenguieri*, dont les princi-
pales espèces sont, sans compter les trois formes que
je viens de citer, les platyrhynchus (Rossmässler),
Fiscallianus (Klecak), Klcciaki (Drouët), cariopsis
(Bourguignat), etc., etc... et le superbe *eumacrus* (1), de Krapina Tœplitz, en Croatie, que M. le
conseiller Letourneux avait primitivement inscrit
sous le nom d'un conchyliologue d'Agram, qui depuis ne lui a pas paru mériter cette distinction.

(1) L'EUMACRUS (*Letourneux*) est une espèce d'un noir uniforme, très
allongée, très ventrue, à sommets gros, obtus, très antérieurs, à
valves pesantes, très épaisses antérieurement, et caractérisées par
une région postérieure près de quatre fois plus longue que l'antérieure, se terminant par une partie rostrale, non inférieure, ni incurvée, mais remontante par suite du contour du bord inférieur
qui, à son extrémité, prend une direction recto-ascendante vers le
rostre, rostro qui se prolonge souvent en un bec assez allongé.
Cette forme rostrale est très remarquable. Charnière robuste. Cardinale épaisse, triangulaire. Latérale très longue (44 millim.), très
saillante. Nacre interne blanche, irisée de tons plombés-livides. —
Long. 92 ; haut. perp. et max. 35 ; épaiss. 32 millim.

UNIO PROECHUS.

Unio proechus, *Bourguignal*, Malac. 4-cantons,
p. 55, pl. II, f. 1-3, 1862.

Cette belle espèce des lacs de Suisse a été rencontrée dans le lac de Bientina, et dans le petit lac de la
villa du comte Newkerque, près Gattajola (prov. de
Pise).

UNIO CUMANUS.

Unio cumensis, *Kobelt*, Iconogr., VII Band, 1880,
p. 33, f. 1952 (seulement); et Unio cumanus, *Kobelt*, Cat. binnenconch. p. 160,
1881.

Lac de Cumes, près de Naples. — Cette coquille
vit également dans le lac d'Idro (Lombardie), d'où je
l'ai reçue sous le nom *erroné* d'Unio Spinellii de
Villa.

*
* *

Deux Acéphales seulement, de cette série, ont été
constatés jusqu'à présent dans la péninsule, le *Villæ*
et le *Veillanicus*, qui tous deux ont été retrouvés
parfaitement typiques dans le midi de la France,
l'un à Bayonne, l'autre à Montpellier.

UNIO VILLÆ.

Unio Villæ, *Stabile*, mss. cité par *Villa*, in. : Bull.
mall. ital., p. 94, 1871, et par *Locard*, Prodr.
Fr., p. 292, 1882.

Cette coquille, que l'on rencontre dans les petits
lacs du Milanais, est une espèce allongée en forme de
coin. La convexité, accentuée surtout à la région ombonale, diminue d'une façon presque méplane jusqu'à
la partie rostrale, dont l'extrémité presque tranchante est très comprimée. Les sommets sont gros,
obtus, très antérieurs, peu proéminents. L'épiderme,
presque toujours recouvert par un encrassement cré-
tacé difficile à enlever, est d'un marron rougeâtre. La
teinte rouge, parfois très intense, domine sur la région de l'arête dorsale. La nacre est d'un blanc
bleuacé un tant soit peu plombé. La cardinale assez
épaisse, bien que comprimée, est haute et quadrangulaire. La latérale très mince, très saillante à son extrémité, est fort longue. — Long. 72 ; haut. perp. et
max. 32 ; épaiss. 22 millim.

UNIO VEILLANICUS.

Unio Veillanensis, *H. Blanc*, mss. in : *Locard*,
Prodr. Fr., p. 292 et 361, 1882.

Mulette voisine, par l'ensemble de sa forme, du
Villæ, mais en différant par de nombreux signes
distinctifs.

L'épaisseur des valves, chez le *Veillanicus*, est régulièrement répartie; chez le *Villæ*, les valves sont relativement très épaisses en avant et fort minces en arrière. La convexité est mieux distribuée et la partie rostrale moins comprimée. Les sommets, assez rugueux, sont moins obtus et sensiblement proéminents. Le rostre est assez aigu, et la région rostrale s'aiguise plus vite et plus fortement. La coloration est d'un marron uniforme avec des zones concentriques plus foncées. Quant à la cardinale, elle est tantôt triangulaire, tantôt subquadrangulaire.

Le *Veillanicus* vit dans le lac d'Avigliano, près de Turin.

*
* *

Je considère les deux formes suivantes comme appartenant au groupe du gallicus.

UNIO SPINELLII.

Unio Spinellii, *Villa*, in : *Spinelli*, Moll. Bresc.
    1851, p. 20, f. 7-8; et 2ᵉ édit., 1856, p. 50,
    f. 7-8.

Cette espèce, d'une forme allongée, un peu plus haute en arrière qu'en avant, et plus ou moins sinuée inférieurement, vit dans les endroits vaseux du lac d'Idro, en compagnie du Cumanus.

UNIO ARCA.

Unio arca, *Held*, mss. in : 2° édit. Chemnitz,
p. 77, pl. xx, f. 12. (Unio pictorum, *var.*
arca, *Kobelt*, Iconogr., f. 1144, 1876, et
Unio cumensis, *var.* f. 1953, 1880).

Je rapporte, sans hésitation, cette forme du lac de
Cumes, signalée par mon bon ami de Francfort,
comme une variété du Cumensis (Cumanus), à l'arca
de Held, espèce répandue dans un grand nombre de
lacs de Savoie, de Suisse, de Carniole, etc.

⁎
⁎ ⁎

Ces nombreuses Mulettes constituent une série de
formes spéciales à la péninsule.

UNIO LAWLEYIANUS.

Unio Lawleyianus, *Gentiluomo*, in : Bull. Soc. malac. ital., p. 55, pl. iv, f. 1-3, 1868.

Le type de cette belle espèce est caractérisé par un
test sinué à sa partie médiane, très haut de taille en
avant, et offrant une région postérieure allant en
s'atténuant notamment sur le contour supérieur, qui
est recto-descendant, en un rostre inférieur assez
exigu.

Je prie les conchyliologues italiens de bien étudier
et la description et l'excellente figure données par

Gentiluomo, pour comprendre l'aspect de cette coquille, attendu que dans le petit étang de San Quirico,
près de Lucques, où cette espèce habite, vit également une autre Mulette, à laquelle j'attribue l'appellation de :

UNIO GENTILUOMOI.

Cette nouvelle bivalve, que j'ai toujours reçue sous
le nom de *Lawleyianus*, sans doute parce qu'elle se
rencontre dans la même localité, est une coquille
constante et très distincte.

C'est une forme allongée dans une direction déclive, à rostre bien arrondi et très obtus. La hauteur
est relativement médiocre pour sa longueur, et cette
hauteur se poursuit la même jusqu'à 29 en arrière
de la perpendiculaire. La région antérieure, si développée chez le *Lawleyianus*, est, chez celle-ci, *peu
haute*, arrondie et décurrente à la base, enfin non
renflée comme celle du *Lawleyianus*. La sinuosité médiane est moins accentuée ; les sommets sont
plus obtus ; l'arête dorsale moins rectiligne et
moins ventrue ; la crête dorsale plus longue, et le
contour de l'angle au rostre ne descend pas d'une
façon rectiligne aussi rapide, etc...

Voici les principaux caractères du *Gentiluomoi* :
Test très allongé, dont la hauteur maximum égale un
peu plus de 2 fois 1/2 la longueur (chez le *Lawleyianus*, la hauteur maximum, 41 millim., atteint juste
deux fois la longueur, 82 millim.). Valves épaisses,
surtout en avant, assez pesantes, intérieurement endui-

tes d'une nacre blanche, extérieurement recouvertes par un épiderme marron, plus foncé vers les contours, qui sont plus fortement sillonnés. Bord supérieur régulièrement arqué-descendant jusqu'au rostre. Région antérieure peu haute, arrondie, décurrente à la base. Bord inférieur légèrement descendant, avec une large sinuosité peu prononcée à la partie médiane. Région postérieure très longue, conservant la même hauteur jusqu'à 29 en arrière de la perpendiculaire, puis s'atténuant en une partie rostrale obtuse bien arrondie. Sommets, en avant, à peine proéminents, très obtus (toujours érosés). Charnière robuste ; cardinale épaisse, triangulaire et saillante ; latérale forte, assez sensiblement épaisse, fimbriée. Ligament très allongé. Lunule médiocre. — Long. 91 ; haut. perp. et max. 38; épaiss. 25 ; dist. des sommets à l'angle 44, et de l'angle au rostre 35 (chez le *Lawleyianus*, la distance des sommets à l'angle est seulement de 38, tandis qu'elle est de 42 de cet angle au rostre) ; rég. ant. 24, post. 66 millim.

UNIO LADERELIANUS.

Unio Laderelianus, *Pecchioli*, in : Bull. mal. ital., II, 1869, p. 163, pl. v.

Cette espèce, qui a été trouvée par Pecchioli dans un bassin de la villa du sig. C. Larderel, sur la colline de Pozzolatico, près Florence, est une forme remarquable par l'épaisseur insolite de ses valves, surtout au contour antéro-inférieur. Cette épaisseur est très bien rendue sur la planche v des Bullettino.

UNIO PECCHIOLII.

Petite coquille de forme oblongue peu allongée, d'apparence un tant soit peu subquadrangulaire dans le genre de l'*umbricus*, de plus, très ventrue (convexité régulière, sauf vers le bord inférieur, où l'on remarque un léger méplan), à test pesant, très épais en avant, intérieurement pourvu d'une nacre blanche, légèrement saumonée sous les sommets, et extérieurement d'un marron-olivâtre avec des zones plus foncées, et sillonné de stries assez fortes. Sommets obtus, gros, ventrus, proéminents, avec quelques rugosités tuberculeuses. Bord supérieur rectiligne jusqu'à l'angle, puis descendant sur le rostre, en formant un contour en dos d'âne. Région antérieure anguleuse supérieurement à l'origine du bord supérieur, puis arrondie. Bord inférieur rectiligne, très faiblement remontant à son extrémité. Région postérieure égalant à peu près deux fois la longueur de l'antérieure, conservant la même hauteur jusqu'à 25 en arrière de la perpendiculaire, puis s'atténuant brusquement en une partie rostrale à contour inférieur et arrondi. Cardinale élevée, assez épaisse, subquadrangulaire. Latérale très longue, peu saillante. Ligament médiocre. Lunule exiguë. — Long. 62 ; haut. perp. et max. 30 ; dist. des sommets à l'angle 28, et de l'angle au rostre 27 ; rég. ant. 20, post. 42 millim.

L'Arno, près Florence.

UNIO MOLTENII.

Unio Moltenii, *Adami*, in : Bull. Soc. mal. ital. VIII, 1882, p. 131, f. 3, 5 et 7.

Le type, que j'ai reçu de l'auteur, a été recueilli dans le Tibre au-dessous du village de Torgiano, à 8 kilom. S. O. de Pérouse. Ce type concorde bien avec la description et avec la figure données par le cap. Adami.

Je connais encore cet Acéphale des environs de Spolète, et de la rivière du lac de Bientina.

UNIO UMBRICUS.

Unio Moltenii, *var.* Umbrica, *Adami*, in : Bull. Soc. mal. ital., VIII, 1882, p. 131, f. 4, 6 et 8.

Cette forme que je sépare du *Moltenii*, parce qu'à mon sens, elle en est bien distincte, est une espèce plus commune que la précédente, qui est fort rare. Elle se rencontre, d'après Adami, dans tout le cours du Tibre, en Ombrie, d'où cet auteur a eu la bonté de m'envoyer de forts beaux échantillons.

J'ai recueilli l'*umbricus* dans le canal des Marais-Pontins, entre Terracine et Velletri ; enfin, cet Unio m'a été encore adressé de l'Arno, à Empoli, naturellement sous le nom de l'inévitable *Requieni*, et des environs de Settignano, près Florence, sous celui de *Laderelianus*.

L'*umbricus*, qui est fort bien représenté sur la planche qui accompagne le mémoire du cap. Adami, est une forme allongée, d'apparence un peu subquadrangulaire, à bord inférieur rectiligne, parfois légèrement concave ; les sommets sont relativement plus antérieurs que ceux du *Moltenii* ; le bord supérieur droit jusqu'à l'angle postéro-dorsal, descend ensuite sur le rostre en un contour peu arqué, presque rectiligne ; tandis que chez le *Moltenii*, il est régulièrement arqué jusqu'au rostre ; la sinuosité ventrale, si accusée chez le *Moltenii*, n'existe pas chez l'*umbricus* ; à sa place, se montre une surface peu convexe, presque méplane, avec un sentiment de légère concavité, chez quelques échantillons ; il résulte de ce caractère une répartition plus régulière de la convexité, qui, chez le *Moltenii*, par suite de la sinuosité, se trouve très accusée sur une portion de la région antérieure et sur l'arête dorsale.

Au point de vue de la charnière, il existe des différences notables : la cardinale est plus longue, un peu moins épaisse, à sommet plus largement tronqué ; la latérale est, de son côté, bien plus longue que celle du *Moltenii* : ainsi, elle dépasse de près de 10 millim. l'extrémité du ligament, tandis que chez le *Moltenii*, elle se prolonge à peine au delà de 4 ; d'où il résulte que la lunule terminale ligamentaire est fort courte chez le *Moltenii* et très allongée chez l'Umbricus.

Quant à la coloration : le *Mollenii* est d'une teinte
uniforme jaune plus ou moins olivâtre ; l'*umbricus*,
d'un marron presque noir passant au rouge vers les
sommets, etc.

UNIO MONTEROSATI.

Cette espèce, à laquelle j'attribue le nom de notre
ami le marquis de Monterosato, de Palerme, provient
des environs de Lentini, en Sicile.

Coquille oblongue-subovoïde dans une direction
descendante, sans sinuosité ventrale, d'une convexité
régulièrement répartie, caractérisée par un bord supérieur formant arc de cercle parfait depuis l'origine
du contour antérieur jusqu'au rostre, qui est inférieur ;
par une région antérieure très peu haute, à contour
arrondi assez restreint, et fortement décurrente à sa
base ; par un bord inférieur légèrement convexe-descendant ; enfin, par une région postérieure oblongue,
augmentant insensiblement jusqu'à 30 millim. en
arrière de la perpendiculaire, tout en suivant une direction déclive, et s'atténuant ensuite assez brusquement
en une partie rostrale inférieure d'un contour arrondi
peu développé. Valves épaisses, pesantes, intérieurement pourvues d'une nacre blanche bien irisée, et
extérieurement recouvertes d'un épiderme uniforme
olivâtre avec deux zones noires concentriques. Sommets très obtus, comme écrasés, non proéminents,
regardant en avant et chargés de deux lignes divergentes de tubercules. Charnière très puissante. Car-

dinale robuste, allongée tout en restant épaisse, à sommet arrondi, fortement denticulé. Latérale arquée, très saillante à son extrémité. Ligament fort long, peu saillant. Lunule exiguë. — Long. 79 ; haut. perp. 38, max. 40 ; épaiss. 24 ; dist. des sommets à l'angle 34, et de l'angle au rostre 32 ; rég. ant. 26, post. 53 millim.

UNIO GARGOTTÆ.

Unio Gargottæ, *Philippi*, Enum. Moll. Sic., I, 1836,
    p. 66, pl. v, f. 6 ; et II, 1844, p. 48 ; et
    Rossmässler, Iconogr., VII et VIII, 1838,
    p. 26, f. 493 ; et *Drouët*, in : Journ. Conch.
    1881, p. 25.

La meilleure figure de cette espèce est celle donnée par Rossmässler (fig. 493).

Philippi signale cet Unio des rivières du nord de la Sicile. Je l'ai reçu des environs de Lentini (ou Lentini), où il vit en compagnie du *Monterosati*. Seulement je n'ai pu savoir si cette coquille a été trouvée dans la rivière qui coule au-dessous de Lentini, ou dans le petit lac voisin de cette ville.

L. Benoit (in : Bull. Soc. mal. ital., I, 1875, p. 163) indique le *Gargottæ* de la Giarretta, du Simeto et du lac de Lentini. Est-ce bien une seule et même espèce qui vit dans ce lac et dans ces deux rivières ?

UNIO ARADASI.

Unio Aradæ, *Philippi*, Enum. Moll. Sic., II, p. 49, 1844.

Unio Aradæ (pars), *Kobelt*, Iconogr., IV Band, 1875, p. 62 ; et Unio Aradasii, f. 1147 (seulement) ; et Unio Aradæ (pars) *Drouët*. in : Journ. Conch., 1881, p. 25.

Le type, d'après Philippi, se rencontre dans la fontaine des Francs (Francofonte). Ubi ?

Je n'ai jamais pu connaitre également la provenance exacte de mes échantillons, qui sont bien typiques.

Kobelt indique le fleuve Anapo près de Syracuse ; mais comme, sous les noms d'Aradæ et d'Aradasii, cet auteur confond deux formes distinctes : d'abord (f. 1146) le *Bivonianus*; ensuite (f. 1147) le vrai *Aradasi*, on serait indécis de savoir à laquelle des deux formes il conviendrait d'attribuer la localité du fleuve Anapo, si je ne savais que le *Bivonianus* vient positivement de ce fleuve.

M. L. Benoit signale pour cette espèce les mêmes localités que pour le *Gargottæ*, localités qui sont reproduites dans le Journal de Conchiliologie, p. 25, 1881. En somme, sauf la localité de Francofonte, toutes les autres sont dubitatives, parce que l'on ne sait pas si les auteurs ont eu en vue une ou plusieurs espèces.

Une des meilleures figures qui rend bien le port et

l'aspect de l'*Aradasi* est justement celle que notre bon ami de Francfort a publiée (f. 1147) comme une variété de cet Unio. Cette figure suffit pour la connaissance de cette espèce.

Je suis assez disposé à placer en synonymie de cette coquille l'*Unio lobata* signalé (sans description) de Sicile par Jan (Consp. meth. test., p. 7, 1830), et également sans description dans le Supplementum (ad Cat. sect. II, pars ɪ, fasc. 1) du Conspectus methodicus Molluscorum (1832) de Cristofori et Jan, et enfin, avec les caractères suivants : « Testa elliptica, viridi-flavescente, margine sinuato, dente cardinali conico, crenulato, laterali in valvula sinistræ bifido, natibus prominulis », dans les Mantissa (36-17, 1832) de Cristofori et Jan. Ces quelques signes distinctifs conviennent assez bien à l'*Aradasi*.

UNIO BIVONIANUS.

Unio Turtoni (non Payraudeau), *Philippi*, Enum.
    Moll. Sic., I, p. 67, 1836; et II, p. 49,
    1844.
Unio pictorum (non Linnæus), *Benoit*, in : Bull. Soc.
    mal. ital., 1875, p. 163.
Unio Aradæ et Aradasii (non Philippi), *Kobelt*, Ico-
    nogr., f. 1146 seulement, 1877.

L'individu représenté dans les « Suites à Rossmässler » est un échantillon de fort belle taille, bien caractérisé par sa grande hauteur et très distinct du

vrai *Aradasi* (f. 1147), comme l'on peut s'en convaincre
par l'étude comparative des deux figures.

Je rapporte à cette espèce la forme nommée *Turtoni*
par Philippi, parce que les caractères signalés, tels
que « margine ventrali recto aut vix sinuato » conviennent assez bien au *Bivonianus*.

A propos de *Turtoni*, je dois avouer que je n'ai jamais
pu reconnaitre cette espèce parmi les nombreuses Mulettes qui m'ont été adressées sous ce nom soit d'Italie,
soit de France. Le vrai *Turtoni* est une forme spéciale à
la Corse ; de même que le *Requieni*, est un Unio particulier aux environs d'Arles.

Le *Bivonianus* vit dans l'Anapo, près de Syracuse.

*
* *

Dans ce groupe, je comprends les Unios suivants :

UNIO BLANCI.

Coquille ovalaire dans une direction légèrement déclive, médiocrement ventrue (convexité bien répartie),
relativement très haute pour sa longueur, aussi bien
arrondie en avant qu'en arrière, et possédant un contour sans angle prononcé. Valves assez épaisses,
moyennement pesantes. Nacre blanche-bleuacée, ri-
chement irisée. Épiderme très brillant, d'un jaune-oli-
vâtre uniforme. Stries assez saillantes, parfois lirati-

formes, très faiblement feuilletées en arrière et vers les contours. Sommets comprimés, peu proéminents, à crochets aigus et plus ou moins ridés. Cardinale comprimée, très élevée, triangulaire. Latérale allongée, peu saillante. Ligament proéminent. Lunule allongée, triangulaire. — Long. 61 ; haut. perp. et max. 32 ; épaiss. 17 ; dist. des sommets à l'angle 30, et de l'angle au rostre 21 1/2 ; rég. ant. 20, post. 43 millim.

Cette espèce, dédiée à M. H. Blanc, de Portici, a été recueillie dans la Madonna dell'Acque, près de Pise, ainsi que dans le Sarno, près de Castellamare. Les échantillons de cette rivière sont un peu plus ventrus (épaiss. 19-20 millim.), et la cardinale est troncatulée à son sommet.

On rencontre encore dans l'Arno, à Pise, une variété (VAR. *Arnusina*, Uzielli) d'une forme un peu moins haute, par conséquent relativement plus allongée et à stries concentriques plus prononcées.

UNIO ROMANUS.

Unio romanus, *Rigacci*, Cat. conch., p. 18, n° 1374, 1874.
Unio Requieni, *var.* romana, *Kobell*, Iconogr., p. 61 ; et Unio romanus, f. 1145, 1875.

Cet Acéphale, qui vit dans les fossés des environs de Rome, et que mon ami de Francfort signale du Tibre (toujours sous deux noms différents), se trouve également dans le Volturno à Capoue. Il m'a encore été adressé des environs de Spolète sous l'appellation fautive de Moltenii.

UNIO CAMPANUS.

Unio campanus, *H. Blanc*, mss.

Espèce peu ventrue, de forme oblongue dans un sens horizontal, à peu près aussi bien arrondie en avant qu'en arrière, à contours supérieur et inférieur presque aussi arqués l'un que l'autre, et caractérisée par des sommets exigus, peu proéminents, un tant soit peu comprimés, à crochets très aigus, et très élégamment ornés de rides tremblotées, analogues à celles des Unios du groupe des *ionicus*, *Vescoi*, etc... On remarque, en outre, deux lignes divergentes sur lesquelles les rides prennent l'apparence d'arêtes tuberculeuses.

Valves assez épaisses. Nacre bleuacée ou orangée à reflets irisés. Épiderme fauve-olivâtre ou jaunâtre avec des zones plus foncées. Stries délicates, très feuilletées vers les contours. Ligament saillant. Cardinale comprimée, tout en étant assez épaisse, de forme triangulaire plus ou moins tronquée et denticulée. Latérale très longue, saillante surtout à son extrémité. Lunule allongée. — Long. 67 ; haut. perp. et max. 32 ; épaiss. 20 ; dist. des sommets à l'angle 27, et de l'angle au rostre 28 ; rég. ant. 21, post. 46 millim.

Le *campanus* vit dans les canaux de la plaine de San-Germano, sous l'abbaye du Mont-Cassin.

UNIO ISSELI.

Cette belle espèce, à laquelle j'attribue le nom du professeur Arturo Issel, de Gênes, a été découverte aux environs de Pietra-Santa, entre Massa et Lucques; puis aux environs de Viareggio, d'où elle m'a été adressée sous le faux nom de Turtoni.

Coquille peu ventrue, de forme oblongue, plus développée en arrière qu'en avant, relativement très haute de taille, surtout à la région postérieure, et offrant, un peu en arrière de la perpendiculaire, une légère compression qui se traduit à la base par une faible sinuosité. La convexité par suite de cette faible compression ventrale, s'accentue un peu plus sur la région postérieure.

Sommets médiocres, peu proéminents, à crochets aigus, ornés de quelques petites rides tuberculées. Bord supérieur faiblement arqué jusqu'à l'angle, puis descendant sous un contour convexe jusqu'au rostre. Région antérieure peu haute, bien circulaire, néanmoins légèrement décurrente à la base. Bord inférieur très faiblement arqué, puis *se convexant* plus fortement au niveau de la ligne de la hauteur maximum. Région postérieure deux fois et demie plus longue que l'antérieure, allant en augmentant de hauteur jusqu'à 31 millim. en arrière de la perpendiculaire, puis s'atténuant en un large rostro arrondi sensiblement inférieur. Nacre blanche-bleuacée, irisée de tons violacés. Épiderme d'une teinte uniforme jaunacée-olivâtre ou marron-rougeâtre, avec des zones plus foncées. Stries plus ou moins accentuées, çà et là lamelleuses et bien feuilletées en avant. Ligament saillant. Cardinale ressemblant à un tubercule triangulaire, de taille médiocre. Latérale très longue, très saillante à son extrémité. Lunule allongée.—Long. 79; haut. perp. 35, et max. 38; épaiss. 22; dist. des sommets à l'angle 32, et de l'angle au rostre 36; rég. ant. 23, post. 56 millim.

*
* *

Les Unios de ce groupe, tels que les eucallistus, Lesumicus, gobionum (Bourguignat), condatinus (Letourneux), Saint-Simonianus (Fagot), chlorellus (Castro), etc..., sont des formes plus ou moins allongées, caractérisées par un bord inférieur *très arqué-convexe* dans toute son étendue, par des sommets renflés, peu antérieurs et par une partie rostrale assez aiguë, jamais inférieure. La convexité chez ces Unios se trouve toujours fortement accentuée vers les sommets.

UNIO EUCALLISTELLUS.

Unio pictorum, *var.* parva, *Stabile*, Fauna elvetica, 1846, p. 61, f. 73.

Cette jolie Mulette du lac de Côme, d'une belle teinte verte avec 3 zones concentriques plus foncées et quelques radiations plus vertes, ressemble beau-

coup, en écourté, an superbe *stucucallis* (Bourguignat, 1880) de Serbie. Seulement chez cette espèce,
le rostre est relativement plus prolongé ; les sommets
sur lesquels se dressent 8 tubercules (4 sur chacun)
à pointe acérée, sont plus gros, plus proéminents ;
la coloration d'un ton uniforme jaune éclatant se
nuance en arrière d'une vague teinte verdâtre ; les
stries sont si fines que le test paraît lisse ; enfin la
cardinale est si mince et si allongée, qu'elle semble
lamelliforme.

*
* *

Les Mulettes classées dans cette série sont des espèces allongées, à stries fines, à épiderme brillant,
teinté, chez la plupart, de riches couleurs.

UNIO CALLICHROUS.

Unio Callichrous, *Letourneux*, 1879.

Cette coquille, découverte par M. le conseiller Letourneux, dans le Danube, près de Belgrade, vit également en Italie, où elle a été retrouvée dans la Sesia,
près de Vercelli, en Piémont, et dans les canaux aux
environs de Mantoue.

Espèce allongée, peu ventrue, avec un sentiment
de très large sinuosité, et terminée par un rostre médian, à contour peu développé, je pourrais même dire
assez aigu.

Valves peu épaisses, excessivement brillantes, très
finement striées, presque lisses sur toute la région

ventrale, sauf vers les contours où souvent les striations sont ou un peu plus fortes, ou légèrement feuilletées. Coloration d'un beau jaune uniforme passant au
vert en arrière, ou d'une superbe teinte topaze brûlée.
nuancée de radiations plus foncées dans le même ton
ou bien encore d'une couleur violacée avec des es-
paces plus clairs d'un fauve jaunacé. Nacre d'un
blanc bleuacé bien irisé. Sommets arrondis, proéminents, hérissés de quelques tubercules très saillants
ordinairement au nombre de 5 sur chaque sommet.
Bord supérieur presque rectiligne jusqu'à l'angle, puis
recto-déclive sur le rostre. Région antérieure assez
développée, ronde, légèrement décurrente inférieurement. Bord inférieur très faiblement arqué, presque
droit (avec un sentiment de sinuosité médiane), puis
remontant à son extrémité d'une façon très faiblement recto-convexe. Région postérieure allongée,
conservant à peu de chose près la même hauteur jusqu'au niveau de l'extrémité du ligament, enfin s'atténuant aussi bien supérieurement qu'inférieurement
en un rostre presque médian assez aigu. Ligament
court et saillant. Lunule très allongée. Cardinale
comprimée, élevée, triangulaire. Petite cardinale
étroite, lamelliforme, notablement saillante. Latérale haute, comprimée, tranchante, très longue, dépassant de 12 à 14 millim. l'extrémité du ligament.

Échant. du Danube.—Long, 76 ; haut. perp. et max.
33 ; épaiss. 22 ; dist. des sommets à l'angle 34, et de
l'angle au rostre 27 ; rég. ant. 23, post. 53 millim.

Échant. de Mantoue. — Long. 82 ; haut. perp. et

max. 36; épaiss. 22 1/2; dist. des sommets à l'angle 36, et de l'angle au rostre 29; rég. ant. 25, post. 58 millim.

UNIO GESTROIANUS.

Unio Gestroianus, *Bourguignat*, 1871, et in : *Locard*, Prodr. Fr., p. 296 et 365, 1882.

Cet Unio, dédié à M. le docteur Rafaelo Gestro, m'a été envoyé autrefois comme des environs de Gênes. Je crois qu'il doit provenir des environs d'Ivrée, en Piémont. Je connais encore cette espèce des maremmes de Toscane, près Orbetello. Le malacologiste Arnould Locard, de Lyon, a indiqué cet Acéphale d'un assez grand nombre de localités françaises.

Coquille allongée, linguiforme dans une direction très faiblement déclive, assez comprimée, allant en s'aplatissant, depuis les sommets, où la convexité est la plus accentuée, et en s'acuminant, d'une façon méplane, en un rostre comprimé inférieur, parfois un peu rotus. Valves médiocrement épaisses, cependant plus épaisses en avant qu'en arrière. Nacre blanche, faiblement bleuacée. Épiderme brillant, presque lisse ou très finement strié, sauf vers les contours où les stries sont feuilletées et comme terreuses. Coloration d'un gris-jaune olivâtre, avec des zones plus foncées. Sommets très antérieurs, comprimés, médiocres, peu proéminents et chargés de quelques rugosités. Bord supérieur faiblement arqué jusqu'à l'angle, puis descendant sur le rostre en un contour plus convexe. Région antérieure bien ronde. Bord inférieur très faiblement convexe. Région postérieure très allongée, près de trois fois plus longue que l'antérieure, allant en s'atténuant (surtout par le haut) en une partie rostrale comprimée, inférieure et assez aiguë. Ligament court, saillant. Lunule très longue (12 à 14 millim.). Cardinale assez épaisse, comprimée, triangulaire, à sommet plus ou moins troncatulé. Latérale très allongée.—Long. 78; haut. perp. et max. 33; épaiss. 20; dist. des sommets à l'angle 35, et de l'angle au rostre 30; rég. ant. 20, post. 58 millim.

UNIO PORNÆ.

Unio pornæ, *Bourguignat*, 1880; et in : *Locard*, Prod. Fr., p. 295 et 363, 1882.

C'est à Florence, dans l'Arno, que se trouve le type.

Je connais encore cette espèce du cours supérieur de l'Arno, à San-Giovanni, ainsi que des environs de Castelgoffredo et de plusieurs localités peu certaines de Lombardie et de Piémont, que j'aime mieux ne pas mentionner.

Il existe une variété *minor* de cet Unio dans un petit étang près de San-Quirico (Lucques), et dans les maremmes de Toscane près Orbetello.

En France, le *pornæ* a été constaté dans un assez grand nombre de cours d'eau.

Coquille oblongue-allongée dans le sens horizontal, assez bien ventrue (convexité régulièrement répartie et ne devenant pas méplane sur la région rostrale, comme celle du *Gestroianus*), à contours antérieur et postérieur presque aussi bien arrondis l'un que l'autre, et à bord supérieur aussi arqué que l'inférieur. Valves relativement assez épaisses. Nacre blanche à reflets bleuacés et carminés. Épiderme olivâtre d'un ton plus ou moins foncé ou jaunacé, avec une ou deux zones plus accentuées, parfois d'une nuance uniforme fauve-olivâtre. Sommets très obtus, peu proéminents, à crochets aigus, chargés de fortes tubérosités. Ligament assez court, saillant. Lunule très longue. Cardinale forte, élevée, plus ou moins épaisse ou comprimée, de forme trigone, à sommet troncatulé (elle est subquadrangulaire chez un échantillon de Castelgoffredo). Latérale saillante à son extrémité. — Long. 79; haut. perp. et max. 36; épaiss. 23; dist. des sommets à l'angle 30, et de l'angle au rostre 32; rég. ant. 25, post. 54 millim.

UNIO MERETRIX.

Unio Requieni (non Michaud), *Stabile*, Fauna elvetica, p. 62, f. 76, 1846.
Unio meretrix, *Bourguignat*, 1880, et in : *Locard*, Prodr. Fr., p. 295 et 363, 1882.

Stabile signale cet Unio de la Tresa (canton de Lugano). Le type se trouve dans l'Arno à Florence et à Pise. On rencontre encore cette espèce dans le Serchio, près de Lucques.

La figure 76, donnée par Stabile, est suffisante pour la connaissance de cette forme.

La région postérieure, chez le *meretrix*, est très obtuse, assez écourtée et plus développée en hauteur que l'antérieure. Les sommets sont très obtus et fort peu proéminents.

UNIO D'ANCONÆ.

Coquille oblongue, médiocrement allongée dans le sens horizontal, à bords supérieur et inférieur subrectilignes, presque parallèles, à région antérieure exactement ronde, bien développée en hauteur et à région postérieure deux fois seulement plus longue, s'atténuant à peine et terminée par une large partie rostrale arrondie.

Sommets assez médians, de médiocre grosseur, mais bien proéminents, avec quelques fines petites rides sur les crochets, qui sont arqués. Convexité accentuée surtout sur la région ombonale. Nacre d'un blanc saumoné. Épiderme d'un beau jaune passant au cendré vers les sommets et au verdâtre postérieurement. Stries émoussées, parfois saillantes-obtuses, faiblement feuilletées en avant et en arrière. Ligament court et saillant. Lunule allongée. Cardinale comprimée, allongée, élevée, obtusément subtriangulaire. Latérale tranchante, très saillante. — Long. 63; haut. perp. et max. 31; épaiss. 18; dist. des sommets à l'angle 24, et de l'angle au rostre 25; rég. ant. 21, post. 42 millim.

L'Arno, à Florence.

UNIO BLAUNERI.

Unio Requieni, *var*. Blauneri, *Shuttleworth*, in :
    Stabile, Moll. Lugano, p. 48, 1859.
Unio Blauneri, *Shuttleworth*, in : *Kobelt*, Iconogr.,
    IV Band, 1876, p. 63, f. 1149.

Cet Unio vit dans le lac de Lugano. — Stabile l'indique du lac Muzzano, ainsi que du petit étang de Chiasso, dans le district de Mendrisio.

UNIO CAFICIANUS.

Cet Acéphale, que je dédie au malacologiste sicilien, le baron Corrado Cafici, provient de l'Anapo, près de Syracuse.

Cette espèce ressemble un peu, comme taille et comme aspect, au *Blauneri* (f. 1149), seulement chez le *Caficianus*, les valves moins ventrues sont oblongues-allongées dans une direction descendante ; le bord supérieur est arqué ; de plus, les sommets, plus obtus-écrasés, paraissent comme aplatis ; la partie rostrale est plus largement ronde et regarde en bas par suite de la direction générale descendante.

Bord supérieur arqué surtout à partir de l'extrémité du ligament. Région antérieure ronde, décurrente à la base. Bord inférieur légèrement convexe-descendant. Région postérieure un peu plus de deux fois plus longue que l'antérieure, augmentant insensiblement en hauteur jusqu'à 17 en arrière de la perpendiculaire, puis s'atténuant en une partie rostrale arrondie et inférieure. Sommets très obtus, comprimés, à peine proéminents, chargés d'assez fortes rides ou de tubercules. Nacre blanche-bleuâtre. Épiderme brillant, d'une teinte jaune foncée passant au cendré sur la région ombonale et au vert en arrière. Stries très fines, légèrement feuilletées en avant et en arrière. Ligament saillant, assez long. Lunule allongée (9 millim.). Cardinale comprimée, tout en étant relativement épaisse, de forme trigone, à sommet tronqué. Latérale saillante, tranchante et bien allongée. — Long. 70 ; haut. perp. 33 ; max. 34 ; épaiss. 19 ; angle à égale distance (29) des sommets et du rostre ; rég. ant. 22, post. 49 millim.

*
* *

Ce groupe est celui du falsus.

UNIO VULGARIS.

Unio longirostris (non Ziegler), *Stabile*, Fauna elvetica, p. 60, f. 72, 1846.
Unio Requieni (non Michaud), *var.* vulgaris, *Stabile*, Moll. Lugano, p. 48 et 62, 1859.

Dans son premier travail, Stabile indique cette forme du petit lac de Muzzano, tandis que dans le second, il la signale, au contraire, de la Trésa, entre le lac Majeur et celui de Lugano.

La figure 72, qui parait bien faite, est, si on veut

bien l'étudier, suffisante pour la connaissance de
cette espèce.

UNIO PADANUS.

Unio padanus, *H. Blanc.* mss.

Cet Acéphale vit dans le Pô à Turin, et vraisemblablement dans une grande partie du cours supérieur du fleuve, attendu que j'ai reçu plusieurs fois
cette Mulette du Piémont sans indication précise de
localité.

Coquille de moyenne taille, de forme oblongue
dans une direction un tant soit peu déclive, à sommets excessivement gros, proéminents, ventrus et
bien ridés. La convexité se trouve accentuée surtout
sur la région ombonale. Nacre blanche bien irisée.
Épiderme brillant, à stries délicates (seulement légèrement feuilletées en avant et en arrière), d'une teinte
jaune-verdâtre, plus foncée postérieurement, et passant au cendré ou au marron vers les sommets. Bord
supérieur recto-déclive jusqu'à l'angle, puis incliné-
descendant sur le rostre. Région antérieure assez
bien développée, à contour anguleux supérieurement, puis arrondi et légèrement décurrent à sa base.
Bord inférieur faiblement convexe avec une légère
sinuosité vers sa partie médiane. Région postérieure,
juste le double plus longue que l'antérieure, s'atténuant en une partie rostrale subarrondie troncatulée un peu inférieure. Arête dorsale très prononcée,

notablement renflée vers les sommets. Ligament
saillant, très court. Lunule de 11 millim., aussi longue
que le ligament. Cardinale comprimée, élevée, subtriangulaire. Latérale mince , très proéminente. —
Long. 57; haut. perp. et max. 29; épaiss. 18; dist. des
sommets à l'angle 24, et de l'angle au rostre 21; rég.
ant. 19, post. 38 millim.

UNIO FALSUS.

Unio falsus, *Bourguignat*, 1879; et in : *Locard*,
Prodr. Fr., p. 295 et 363, 1882.

Cette espèce, si répandue dans les eaux de la
France, de la Suisse, etc., espèce que presque tous
les malacologistes ont prise pour le *Requieni*, existe
également en Italie, où elle a été trouvée dans les
lacs de Garde, de Côme, etc., dans les environs de
Nosedole (prov. de Mantoue), ainsi qu'aux alentours
de Parme, dans le canal de Gattachio; enfin, dans le
Pô à Turin, où elle vit en compagnie du *padanus*.
Les échantillons de ces deux dernières localités sont
sensiblement plus allongés que le type.

UNIO STROBELI.

Unio Strobeli, *Uzielli*, mss.

Très jolie petite espèce, du canal de Gattachio à
Parme, caractérisée par une coquille oblongue dans
une direction descendante, *très peu haute* antérieurement, et allant en augmentant de hauteur jusqu'au

niveau de l'angle postéro-dorsal, à une distance de 20 millim. en arrière de la perpendiculaire. Convexité accentuée sur la région supérieure de l'arête dorsale et vers les sommets, qui sont gros, obtus, proéminents et fortement ridés sur une assez grande étendue. Valves à test mince, brillant, d'un marron jaunacé ou olivâtre, passant au rougeâtre vers les sommets. Stries émoussées, néanmoins saillantes çà et là, faiblement rugueuses en avant et en arrière. Nacre blanche bien irisée. Bord supérieur légèrement déclive-arqué jusqu'à l'angle, puis descendant sur le rostre sous un contour convexe. Région antérieure exiguë, peu haute, fortement décurrente à la base. Bord inférieur recto-descendant jusqu'à 20 millim. en arrière de la perpendiculaire, puis remontant légèrement à son extrémité, en *se convexant*. Région postérieure relativement très allongée dans une direction descendante, près de trois fois plus longue que l'antérieure, allant en augmentant de hauteur jusqu'au niveau d'une verticale située à 20 millim. de la perpendiculaire, enfin, s'atténuant assez brusquement, surtout en dessus, en une partie rostrale inférieure, obtuse et arrondie. Ligament saillant, court. Lunule très longue (7 millim.). Cardinale assez épaisse, élevée, subtriangulaire. Latérale très allongée, médiocrement saillante. — Long. 48; haut. perp. 21, max. 24; épaiss. 14 ; dist. des sommets à l'angle 24, et de l'angle au rostre 20; rég. ant. 13, post. 35 millim.

*
★ ★

J'ai à signaler d'Italie seulement une espèce dans ce groupe, qui a pour type l'Unio Deshayesi.

UNIO GRANIGER.

Unio graniger, *Ziegler*, in : *Schmidt*, Krain Conch., 1847, p. 26.

Cette Mulette, si abondante dans les eaux de Carniole et de Carinthie, Mulette qui vit également en Suisse et en France, a été retrouvée à Nosedole, dans la province de Mantoue.

*
★ ★

Les deux espèces italiennes qui me restent à mentionner, appartiennent à la série de l'Unio rostratus.

UNIO PEDEMONTANUS.

Unio Requieni, *var.* (non Michaud), *Kobelt*, Iconogr., IV Band, p. 63, f. 1148, 1875.

Cette belle et grande espèce, qui est fort bien rendue (f. 1148), paraît assez répandue dans les cours d'eau du Piémont, d'où je l'ai reçue plusieurs fois, sans indication précise de localité. M. le conseiller Letourneux l'a recueillie sur les bords du lac Majeur. L'auteur des « Suites à Rossmässler » la signale des environs de Mantoue.

D'après cet auteur, les malacologistes italiens appliquent à cet Unio l'appellation de longirostris.

UNIO RHYNCHETINUS.

Unio rhynchetinus, *Letourneux*, 1879; et in : *Servain*, Acéph. Francf., p. 24, 1882.

Je rapporte à cette espèce des échantillons recueillis dans le lac d'Alice, près d'Ivrée, et à Casinalbo, près Modène, bien qu'ils ne soient pas tout à fait typiques. Mais, comme il m'est impossible de les assimiler à aucune autre forme, je les considère comme des variantes du rhynchetinus.

Le *rhynchetinus* est une espèce danubienne découverte près de Belgrade par M. le conseiller Letourneux, espèce qui a été récemment constatée çà et là dans un certain nombre de cours d'eau.

Coquille excessivement ventrue, de forme allongée, terminée par un rostre relativement assez aigu. Convexité surtout accentuée vers les sommets, qui sont très antérieurs, énormes dans un sens allongé, proéminents, ventrus, recourbés, à crochets tout à fait taillés à pic, d'une façon encore bien plus prononcée que ceux de l'*Unio desectus*, de Grèce. Arête dorsale fortement accentuée dans toute son étendue. Valves (très épaisses chez les vieux individus) intérieurement d'une nacre blanche irisée de tons bleuacés ou orangés, avec des taches livides, extérieurement d'une teinte jaune passant au vert en arrière, ou parfois d'un marron tantôt clair, tantôt presque noir, avec la région supéro-postérieure d'un ton vert foncé.

Bord supérieur faiblement arqué-descendant. Région antérieure exiguë. Bord inférieur médiocrement convexe, avec une légère inflexion sinueuse fort peu sensible à la partie médiane. Région postérieure près de trois fois plus longue que l'antérieure, allant en s'atténuant peu à peu jusqu'au rostre, qui est inférieur, tout en regardant dans la ligne de l'horizon. Ligament fort, saillant, très long, terminé par une lunule de 10 à 12 millim. de longueur. Cardinale robuste, épaisse, bien que comprimée, tantôt subquadrangulaire, tantôt trigone, avec une arête plus ou moins crénelée. Latérale excessivement longue (47 millim.), très saillante. — Long. 96; haut. perp. et max. 40; épaiss. 32; dist. des sommets à l'angle 47, et de l'angle au rostre 31; rég. ant. 25, post. 71 millim.

LEGUMINAIA.

Ce genre a été établi par Conrad (Remarks on the genera Monocond., and Pseudod. etc., in : Amer. Journ. of Conch. n° 3, 1 july 1865, p. 233) pour le Monocondylæa Mardinensis du Tigre, espèce de Lea, 1860, publiée par cet auteur, en 1864, dans les Proceedings Acad. sc. Philad., p. 286, et depuis dans le Journal Acad. sc. Philad. (new. series), VI, 3ᵉ part., p. 252, pl. xxx, f. 67.

Cet Acéphale, qui ressemble un peu, comme contour extérieur, à l'*Unio Bonellii*, var. *curvata* de

Rossmässler (f. 746), ne possède pas de lamelles latérales, mais seulement, comme la *Bonellii*, une denticulation cardinale (une sur chaque valve) venant se
poser l'une près de l'autre ; celle de la valve dextre
est toujours antérieure à celle de la valve sénestre.
Chez les Margaritana, la dent dextre est reçue au milieu de la dent sénestre, qui se trouve, par conséquent, bipartie, ce qui est bien différent.

Deux ans après, en 1867, M. W. von Vest fit paraître (Nachtrag zu Margaritana Bonellii, in : Verhandelungen und Mittheilungen des Siebenbürgischen Vereins fur naturwissenchaften, n° 9) une petite
notice (2 pages et demie avec 1 pl.), dans laquelle il
élève la *Bonellii* de Ferussac au rang générique
sous l'appellation de *Microcondylæa*, et non pas de
Microcondylus, comme l'enseigne le père de la
science dans le Journal de Conchyliologie, p. 137,
1879.

Les Léguminaias, d'après mes connaissances
actuelles, forment un groupe générique qui s'étend,
d'orient en occident, depuis la Mésopotamie, la Syrie,
l'Anatolie jusqu'en Italie, où elles ont été constatées
en Piémont, en Lombardie et en Vénétie. On les
trouve également en Illyrie, en Carniole et même
dans la Turquie d'Europe ; il n'y a donc pas d'interruption entre les formes asiatiques et celles italiennes.

Les Léguminaias d'Asie, que je crois utile de faire
connaître, sont :

Leguminaia Mardinensis, *Conrad*, in : Amér. Journ., juillet 1865, p. 233, et *Locard*, Malac. lacs de Tibériade, d'Antioche et d'Homs, p. 56 et 82, 1883 (Monocondylæa Mardinensis, *Lea*, 1860, et in : Proceed. Acad. sc. Philad., p. 286, 1864, et in : Journ. Acad. sc. Philad. [n. s.], VI, 3ᵉ part., p. 252, pl. xxx, f. 67, 1869). — Environs de Mardin ou Merdin, dans un affluent du Tigre ; — dans l'Euphrate, ainsi que dans les lacs d'Homs et d'Antioche.

Leguminaia Chantrei, *Locard*, Malac. Tibér. d'Ant., etc., p. 58, pl. xix *bis*, f. 8-10, 1883. — Lac d'Antioche.

Leguminaia Wheatleyi, *Bourguignat*, 1878, et *Locard*, Mal. lac Tibér. d'Ant., p. 59, 1883 (Monocondylæa Wheatleyi. *Lea*, Observ. on the gen. Unio, X, p. 35, pl. iv, f. 307, 1863.—Pseudodon Wheatleyi, *Conrad*, in : Amer. Journ., I, p. 233, 1865). — L'Euphrate à Biredjitz, ainsi que dans les lacs d'Homs et d'Antioche.

Leguminaia Bourguignati, *Locard*, Malac. lacs Tibér. d'Ant., etc., p. 58, pl. xix *bis*, f. 11-13, 1883. — Lac d'Antioche.

Leguminaia Saulcyi, *Bourguignat*, Classif. Moll. syst. europ., p. 54, 1877 (Unio Saulcyi, *Bourguignat*, test. noviss., p. 27, 1852, et Cat. Moll. Orient., p. 74, pl. iii, f. 1-3, 1853. — Pseudodon Saulcyi, *Conrad*, in : Amer. journ., I, p. 233, 1865).—Environs de Jaffa, en Syrie.

Leguminaia Michoni, *Bourguignat*, Class. Moll. syst. europ., p. 54, 1877 (Unio Michoni, *Bourgui-*

gnat, test. noviss., p. 27, 1852, et Cat. Moll. Orient.,
p. 74, pl. III, f. 10-12, 1853, et in : Amén. Malac., I,
p. 156, 1856). — Cours d'eau aux environs de Jaffa.

Leguminaia tripolitana, *Bourguignat*, Class.
Moll. syst. europ., p. 54, 1877 (Unio tripolitanus,
Bourguignat, test noviss., p. 28, 1852, et Cat. Moll.
Orient, p. 75, pl. IV, f. 10-12, 1853. — Pseudodon
tripolitana, *Conrad*, in : Amer. Journ., I, p. 233,
1865). — Environs de Tripoli, en Syrie.

Avant de passer aux espèces spéciales à l'Italie, je crois nécessaire d'exprimer mon opinion
sur deux formes de ce genre, la *Bonellii* et la
depressa.

La Leguminaia Bonellii (Unio), *Ferussac*, in coll.
1820, espèce inédite, a été publiée par Rossmässler
(Iconogr., II, 1835, p. 24, f. 134), et signalée en Illyrie dans le Leak, et en Istrie dans l'Isonzo près de
Goritz (Görz). C'est donc la figure 134 de Rossmässler
qui représente le type de cette espèce. Cette coquille
a encore été bien rendue, sous le nom d'*Alasmodonta compressa* de Menke, par Stabile dans sa
« Fauna elvetica », figure 71. La Bonellii est une
espèce comprimée, obovale-oblongue, à région antérieure exiguë, tandis que sa région postérieure est
largement dilatée.

La Leguminaia depressa (Unio) de C. Pfeiffer (Naturg. deutsch. Moll., II, 1825, p. 52, pl. VIII, f. 3-4),
que Rossmässler a eu le tort de placer en synonymie
de la *Bonellii*, est une autre espèce illyrienne décou-

verte par Stentz dans un cours d'eau près Colalt,
non loin d'Hospitaleto.

Cette forme, qui est très différente de la *Bonellii*,
comme l'on peut s'en convaincre par la comparaison
des figures données par Rossmässler et C. Pfeiffer,
se distingue de la *Bonellii* : par ses valves oblongues-
allongées dans une direction très descendante ; par
ses sommets (voir f. 4) tout à fait antérieurs et regardant en avant ; par son bord supérieur régulièrement convexe dans toute son étendue et ne présentant aucune angulosité à l'endroit de l'angle
postéro-dorsal ; par sa région postérieure plus longue,
relativement moins dilatée en hauteur ; par sa région
antérieure plus étranglée ; par ses stries sensiblement plus ellipsoïdes, etc., enfin, par ses valves
moins comprimées.

Il y a donc en Illyrie et en Istrie deux formes distinctes, la *Bonellii* et la *depressa*, qui toutes deux
ont été retrouvées en Italie.

Il est très difficile, ou plutôt il est impossible de
citer *synonymiquement* les auteurs italiens qui ont
parlé de ces deux espèces, parce que sous les appellations de Bonellii, compressa, depressa ou uniopsis,
ces malacologistes ont confondu toutes les formes
qui ont été depuis, en 1879, distinguées dans le Journal de Conchyliologie.

Ainsi :

Porro (Malac. Comasca, p. 115, 1838), sous le vocable d'*Alasmodonta compressa* de Menke, signale

une ou plusieurs formes des cours d'eau et du lac de Brianza.

Stabile (Fauna elvetica, p. 60, 1846), sous le même nom, mentionne de la Tresa et du Cerisio deux variétés : une *magna* très arquée (ressemblant, d'après cet auteur, à l'Unio margaritifer) qu'il rapporte à la *depressa* de Mühlfeldt, et une *parva*, à laquelle il applique le nom d'*uniopsis* de Lamarck; tandis que ce même malacologiste, en 1859 (Moll. Lug., p. 48 et 61), indique également de la Tresa, près de la « Madonna del piano » de grands individus (long. 82 millim.) qu'il nomme non plus *Alasmodonta compressa*, mais *Unio Bonellii*. Ces individus de forte taille sont vraisemblablement ce *Microcondylus squamosus*, de la Tresa, qui atteint 70 à 85 de long, sur 35 à 45 de hauteur.

Strobel (Moll. lembo Or. del Piemonte, in : Giorn. Mal., I, 1853, p. 57 et 109) cite une *Alasmodonta Bonellii*, de la Dora Baltea, du Pô à Turin et une variété *Uniopsis*, de la vallée du Tessin, à Sartinara.

Tassinari (Moll. Romagna, in : Giorn. Mal., II, 1854, p. 102), une *Alasmodonta compressa*, du Gambellara, dans la Romagne.

Menegazzi (Malac. Veron., p. 45, 1855), une *Anodonta uniopsis*, du Tartaro et du Menago, dans la province de Vérone.

De Betta (Moll. prov. Veron., 1855, p. 97), une *Alasmodonta Bonellii*, des provinces de Vérone, de Vicence, de Padoue, de Venise, et la variété *curvata* de Rossmässler (f. 746) du lac de Garde ; puis (Moll.

prov. Veron., 1870, p. 140), un *Unio Bonellii*, du Tartaro et du Menago; enfin (Malac. Veneta, 1870, p. 105) un *Unio Bonellii*, dans les rivières et les canaux de la province, et la variété *curvata*, déjà signalée du lac de Garde, dans le canal Moranzana.

Spinelli (Moll. Bresc., 2ᵉ édit., 1856, p. 49), une *Alasmodonta compressa*, du lac de Garde, à Sermione, et dans la Chiese, à Naviglio, entre San-Eufemia et Rezzato; puis (Moll. in Venezia e nel suo estuario, 1869, p. 37) une *Alasmodonta Bonellii*, de la Brenta, avec la variété *curvata*, du canal Moranzana.

Tomasi (Moll. Castelgoffredo, in : Bull. Soc. Mal. ital., 1875, p. 182), un *Unio Bonellii*, des canaux de Castelgoffredo, ainsi que trois variétés : une *curvata*, une *uniopsis*, enfin une troisième à test solide, qui doit être la forme publiée sous le nom de Microcondylus crassulus.

Pini (Moll. terr. d'Esino, in : Bull. Soc. Mal. ital., 1876, p. 186), un *Unio margaritiferus*, du lac de Côme, notamment sur le rivage de Mandillo, et une variété *curvata*, également du même lac.

Lessona (Moll. Piemonte, 1880, p. 64), une *Margaritana Bonellii*, à Turin, à Bra, à Vercelli et à Stupinigi, dans le ruisseau, derrière le château.

Etc., etc.

Voilà, je crois, assez de citations. Incontestablement, sous ces diverses appellations, se cachent les formes que M. Drouët, qui, en cette circonstance, a fait preuve d'un coup d'œil un peu plus intelligent que d'habitude, a décrit sous le nom générique *impropre* de *Microcondylus*, savoir les Bonellii, Moreleti, squamosus, crassulus et gibbosus, qui ne me parait être autre chose que la *curvata* de Rossmässler.

Les Léguminaias italiennes sont, à ma connaissance, les neuf suivantes :

LEGUMINAIA BONELLII.

Leguminaia Bonellii, *Bourguignat*, Moll. Acéph., syst. europ., p. 4, 1880 (Unio Bonellii, *Ferussac*, in coll. 1820, et *Rossmässler*, Iconogr., II, 1835, p. 24, f. 134).

Cette forme illyrienne a été retrouvée en Italie, dans le lac de Brianza et dans les ruisseaux de Castel d'Ario (prov. de Mantoue), où elle habite en société de la Servaini.

LEGUMINAIA SERVAINI.

	Servaini	Bonellii.
Long. max.	60	61 (1).
Haut. max.	34	30
Épaiss. max. (à 13 des sommets, 25 du bord antér., 38 du		

(1) L'échantillon *Bonellii* d'Illyrie figuré 134 par Rossmässler a 67 de long., il est un peu plus grand que le type italien, bien qu'exactement de même forme.

	Servaini.	Bonellii.
rostre, 17 de l'angle post.-dorsal, et 22 de la base de la perp.).	15	
· Épaiss. max. de la *Bonellii* (type italien) — (à 15 des sommets, 24 du bord antér., 38 du rostre, 22 de l'angle post.-dorsal, et 20 de la base de la perpend.). . . .		14 1/2
Corde apico-rostrale.	52	53
Dist. des sommets à l'angle postéro-dorsal	27	33
Dist. de cet angle au rostre. .	30	25
Haut. de la perpendiculaire. .	28	28
Dist. de la perp. au bord antér.	16	13
— du même point de la perp. au rostre.	42	48
Dist. enfin, de la base de la perpend. à l'angle postéro-dorsal. .	34	37

D'après ces mensurations, on remarque que bien que la longueur de la *Bonellii* italienne et celle de la *Servaini* soient à peu près la même, la distance des sommets à l'angle postéro-dorsal, chez la *Servaini*, est de 27, et de 30 de cet angle à la partie moyenne du rostre, tandis que chez la *Bonellii*, la même distance est plus grande entre les sommets et l'angle, et plus courte entre cet angle et le rostre. Il résulte de ces mensurations que, chez la *Servaini*, la région de la crête dorsale est plus courte que celle de la *Bonellii*. On remarquera encore que si la perpendiculaire est de 28 chez les deux espèces, la hauteur

maximum est, au contraire, différente : celle de la
Servaini, distante de 27 de la perpendiculaire, est
de 34, tandis que celle de la *Bonellii* n'est que de
30 à 22 millim. en arrière de la perpendiculaire. Il
ressort encore de ces chiffres que la région postérieure
de la *Servaini* est plus haute que celle de la *Bonellii.* Enfin, je ferai observer que la région antérieure
est de 16 chez la *Servaini* et la postérieure de
42 millim., lorsque, chez la *Bonellii,* l'antérieure est
de 13 et la postérieure de 48, ce qui fait que, chez
cette dernière, la postérieure est plus longue et l'antérieure plus courte.

La *Servaini* se distingue encore de la *Bonellii* :
par sa partie rostrale largement obtuse-arrondie, regardant en bas, tandis que celle de la *Bonellii,*
moins obtuse, moins amplement ronde, est plus médiane et moins inférieure ; par son contour supérieur
très arqué-convexe ; par son bord inférieur faisant
ventre au niveau de la hauteur maximum (à 27 millim.
en arrière de la perpendiculaire), ce qui donne à la
région rostrale une notable apparence spatuliforme ;
enfin par ses cardinales dextre et sénestre nulles ou
presque nulles, en tout cas fort exiguës.

Voici les caractères de la *Servaini,* à laquelle
j'attribue le nom de notre excellent ami le Dʳ G. Servain, qui en a fait la découverte dans un de ses derniers voyages en Italie.

Coquille oblongue-spatuliforme dans une direction très descendante (1), caractérisée par une région

____

(1) Je rappelle encore une fois que la description de cette es-

postérieure très dilatée en forme de spatule. Bord supérieur faiblement arqué jusqu'à l'angle, qui est complètement obsolète sans trace d'angulosité, puis convexe-arrondi en descendant sur le rostre. Région antérieure ronde, exiguë, décurrente à la base. Bord inférieur recto-descendant, puis *se convexant* vers son extrémité avant de remonter vers le rostre. Région postérieure spatuliforme dans une direction descendante, allant en augmentant de hauteur jusqu'au niveau de l'extrémité du ligament, puis s'atténuant d'une façon largement obtuse par un contour arrondi inférieur. Sommets (excoriés) écrasés, petits, à peine proéminents. Épiderme marron uniforme, à stries très feuilletées vers les contours. Nacre bleuâtre-violacée, paraissant orangée sous les sommets par suite de l'érosion externe. Ligament long, peu saillant. Lunule grande, semisphérique. Cardinale dextre nulle ou presque nulle. Cardinale sénestre plus forte, obtuse.

La *Servaini* vit dans les canaux de la Chartreuse de Pavie, et dans les cours d'eau près de Castel d'Ario (prov. de Mantoue).

LEGUMINAIA MORELETI.

Microcondylus Moreleti, *Drouët*, in : Journ. Conch., p. 139, 1879.

pèce, comme celles des autres que je publie, est faite en donnant aux sommets la prédominance sur tout le contour supérieur. Ce contour, soit antérieurement, soit postérieurement, ne doit pas être plus haut d'un côté que de l'autre par rapport aux sommets.

Environs de Plaisance dans les ruisseaux, le Pô à Belgiojoso, la Parma à Parme.

LEGUMINAIA SQUAMOSA.

Microcondylus squamosus, *Drouët*, in : Journ. Conch., p. 139, 1879.

La Trésa, entre les lacs Majeur et Lugano.

LEGUMINAIA DEPRESSA.

Unio depressa, C. *Pfeiffer*, Naturg. deutsch. Moll., II, 1825, p. 32, pl. VIII, f. 4 seulement (la figure 3 représente une forme non adulte, mal caractérisée).

Je connais cette espèce illyrienne du canal de l'Oglio à Chiari.

LEGUMINAIA DORIÆ.

Long. max.	63
Haut. max.	32 1/2
Épaiss. max. (à 19 des sommets, 26 du bord antér., 35 du rostre, 20 de l'angle post.-dorsal, 16 de la base de la perpendiculaire).	16
Corde apico-rostrale.	25
Dist. des sommets à l'angle post.-dorsal.	27
— de l'angle au rostre.	30

Haut. de la perpendiculaire.   28

Dist. de la perp. au bord antérieur. . . .   16 1/2

    — du même point de la perpend. au
rostre. 46 1/2

Dist. enfin, de la base de la perp. à l'angle postéro-dorsal.   36

Cette forme est remarquable par sa convexité bien régulière, dont le maximum est presque central. Chez toutes les autres Léguminaias, le maximum se trouve très rapproché de la région supérieure. Cette espèce est encore caractérisée par un grand développement de sa partie antérieure, et par ses cardinales robustes et très saillantes.

Coquille d'une forme oblongue dans une direction légèrement déclive, à valves assez épaisses mais moins que celles de la *crassula*, à épiderme d'un marron olivâtre, à stries assez fines, sauf vers les contours où elles sont feuilletées et parfois grossières. Nacre interne bleuâtre. Bord supérieur arqué-convexe dans toute son étendue, sans angulosité sensible à l'angle postéro-dorsal. Région antérieure exactement sphérique et relativement très développée en hauteur. Bord inférieur subrectiligne dans une direction faiblement descendante, remontant légèrement à son extrémité en s'arrondissant. Région postérieure à peu près deux fois et demie plus longue que l'antérieure, augmentant insensiblement en hauteur jusqu'au niveau de l'extrémité du ligament, puis s'atténuant en une partie rostrale très obtuse et aux trois quarts inférieure. Sommets (excoriés) tout à fait écrasés. Ligament très long. Lunule développée, semisphérique. Cardinales (dextre et sénestre) triangulaires très saillantes.

Cette espèce, que je me fais un plaisir de dédier à M. le marquis Giacomo Doria, de Gênes, a été trouvée dans les cours d'eau de Vercelli et de Brianza.

LEGUMINAIA CRASSULA.

Microcondylus crassulus, *Drouët*, in : Journ. Conch., p. 139, 1879.
Ruisseaux à Castelgoffredo.

LEGUMINAIA CURVATA.

Leguminaia curvata, *Bourguignat*, Mat. Moll. Acéph. syst. europ., p. 4, 1880. [Unio Bonellii, *var*. curvata, *Rossmässler*, Iconogr., XI, 1842, p. 14, et f. 746·(sous le nom de *var*. incurvus), et Microcondylus gibbosus, *Drouët*, in : Journ. Conch., p. 140, 1879.]
Dans les lacs de Côme et de Garde.

LEGUMINAIA GESTROI.

Cette coquille de Castel d'Ario (province de Mantoue), à laquelle j'attribue le nom du Dr Rafaele Gestro, de Gênes, est une des plus particulières de ce genre.

C'est une espèce de taille médiocre, à valves minces, délicates, sinuées inférieurement, caractérisées

par une région antérieure très exiguë, comme con-
tractée, et par une région postérieure *linguiforme* si
fortement descendante que l'obliquité de la direction
forme avec la ligne du contour supérieur, prise comme ligne horizontale, un angle de 50°. Chez la *crassula* l'angle n'est que de 30°; chez les *Bonellii* et
Doriæ, il varie entre 32 et 34°; chez la *Servaini*
et la *depressa*, il atteint presque 40°, etc.

Long. max.   50
Haut. max.   31
Épaiss. max. (à 12 des sommets, à 21 du
bord antér., à 31 du rostre, 12 de l'angle
post.-dorsal, et 16 1/2 de la base de la
perpend.).   12
Corde apico-rostrale.   44
Dist. des sommets à l'angle post.-dors. .   21
— de l'angle au rostre   28
Haut. de la perpendiculaire.   23
Dist. de la perpend. au bord ant.   12
— du même point de la perp. au rostre.   38
— enfin, de la base de la perpend. à
l'angle post.-dorsal.   26

La hauteur maximum (31 millim.), pour une coquille
d'une taille aussi médiocre, pourrait paraître exagérée, si je ne venais expliquer que la verticale de hauteur, prise à l'extrémité du ligament, coupe, dans sa
longueur, la région postérieure, par suite de sa direction descendante exagérée; ainsi la base de cette
verticale tombe à la partie inférieure du rostre.

Bord supérieur rectiligne jusqu'à moitié du liga-

ment ; puis descendant de plus en plus, sous un contour convexe, jusqu'à la partie rostrale. Région antérieure très exiguë, excessivement décurrente à la
base, d'un contour arrondi si peu ample, qu'il paraît
comme subanguleux. Bord inférieur subrectiligne,
fortement descendant, avec une sinuosité un peu en
arrière de la perpendiculaire. Région postérieure,
plus de trois fois plus longue que l'antérieure, linguiforme, si descendante que son extrémité rostrale, qui
est obtuse, regarde tout à fait en bas. Sommets (excoriés) écrasés, sur lesquels on remarque des vestiges
de fortes rides concentriques, régulières et très espacées. Épiderme d'un noir olivâtre, à stries très ellipsoïdes, grossières et squameuses. Nacre interne
bleuacée. Ligament saillant. Lunule presque nulle.
Cardinale dextre réduite à l'état de petit tubercule.
Cardinale sénestre plus robuste, empâtée et oblique-
ment triangulaire.

ANODONTA.

J'ai donné l'année dernière, dans le « *Naturalista
siciliano* » de M. Enrico Ragusa, de Palerme, une
notice sur les Anodontes italiennes.

Cette notice comprenait vingt et une espèces, dont
deux nouvelles, les *Del Pretei* et *Raimondoi*. Les
autres étaient celles que j'avais décrites dans le premier volume de mes « *Matériaux pour servir à*

l'histoire des MOLLUSQUES ACÉPHALES *du système européen* ».

À cette époque, je ne connaissais aucunes autres Anodontes de la péninsule.

Depuis cette publication, il m'est survenu un assez grand nombre de formes, ou d'espèces, que mes amis et correspondants ont bien voulu m'envoyer, de sorte que les Anodontes italiennes ont doublé d'une année à l'autre. J'ai étudié, de plus, d'une façon plus spéciale, les ouvrages des auteurs italiens. De ces envois et de ces études il résulte ce travail nouveau, qui laisse loin derrière lui celui de 1882.

Ce n'est pas seulement la Faune des Acéphalés italiens qui s'est augmentée ainsi entre mes mains, mais c'est celle également de tout le système européen. Ainsi, en 1877, alors que je présentais cet essai sur la classification des genres et des familles, je ne connaissais que 87 Anodontes et 130 Unios, tandis qu'en 1881, grâce la générosité de mes amis, mes Unios, du chiffre de 130, s'élevaient à celui de 250, et mes Anodontes de 87 à près de 200.

Depuis j'ai reçu de tous côtés un si grand nombre d'espèces, et j'en reçois encore une si grande quantité, que mes Anodontes dépassent maintenant le chiffre de 350 et mes Unios celui de 550, soit 900 espèces pour ces deux genres, sans compter les Colletopterum et les Pseudanodonta.

Actuellement, les Acéphales de ma collection, tant Sphœridæ, Unionidæ que Mutelidæ, Ætheridæ, atteignent 1,500, et, néanmoins, je suis persuadé que je ne possède pas et que je ne connais pas le quart des espèces qui existent dans le système européen. C'est ce grand nombre de formes m'arrivant à chaque instant qui est la cause que je n'ai pas encore fait paraître le second volume de mes « Matériaux » dans l'espoir de le rendre plus complet.

Je sais parfaitement qu'en publiant ces lignes, je vais causer une stupéfaction profonde aux adeptes de l'ancienne école, qui sont loin de se douter de la richesse de la faune. Mais, je dois la vérité, et bien qu'elle puisse paraître dure, il est de mon devoir de leur annoncer que la science malacologique, *telle qu'elle doit être comprise*, NE FAIT QUE COMMENCER.

Je n'ignore pas que la plupart d'entre eux, tout en créant des formes, souvent *non* basées sur trois caractères, crient à la *pulvérisation de l'espèce, sans avoir conscience qu'ils ne font pas autre chose, en publiant les leurs, que ce qu'ils condamnent chez moi*. C'est là un manque de logique.

Ces personnes, du reste, ont beau jeter feu et flammes, elles ne pourront lutter contre la méthode nouvelle. Cette méthode est comme le flot qui monte, contre lequel toutes les digues de leur mauvais vouloir ne sauraient résister. Elles pourront ne pas adopter les formes de la « Giovani scuola », dénaturer même le sens des descriptions, dans l'espérance d'enrayer le mouvement, elles ne parviendront qu'à rester en arrière et à devenir incapables de publier la moindre faune. C'est déjà ce qui arrive à plusieurs d'entre elles.

Ce qui survient actuellement pour les formes, ou espèces, s'est déjà présenté pour les genres et les familles, lorsque les savants frères Arthur et Henri Adams, de Londres, publièrent leur « Genera of shells ».

« L'apparition de cette œuvre, dit une personne des plus hostiles à la nouvelle méthode, causa une sensation profonde dans le monde malacologique. On s'étonna d'abord, et on s'irrita même, ensuite, de la multiplication excessive des genres et des sous-genres, qui venait battre en brèche les vieilles coupes de Linné, de Lamarck et de Cuvier, et qui rompait en visière avec les idées reçues et les traditions généralement admises. On finit, pourtant, par s'apercevoir que, en définitive, les deux naturalistes anglais avaient fait connaître une foule de formes inédites, ne rentrant que difficilement, et même ne rentrant pas du tout dans les anciennes coupes, etc... (Crosse, Journ. Conch., p. 92, 1879) ».

Eh bien ! il en sera de même pour les formes établies d'après la méthode nouvelle. Je ne donne pas dix ans pour que toutes soient adoptées, et pour que cette méthode ait raison de tous les récalcitrants actuels. Lorsque je dis tous, je m'avance peut-être un peu trop, parce qu'il y en aura toujours quelques-uns qui voudront mourir dans l'impénitence finale, ou qui, par amour-propre ou par entêtement, ne changeront jamais de ligne de conduite.

L'étude des Anodontes, de même que celle des

Unios, ainsi que je viens de le montrer, est également dans l'enfance.

A part les formes italiennes publiées par les malacologistes de la péninsule, formes que j'ai adoptées parce qu'elles m'ont paru reposer sur un nombre suffisant de signes distinctifs, toutes les autres rapportées à des espèces d'Allemagne ou de France sont des Anodontes mal nommées.

Il semble résulter que les savants de l'Italie ont toujours fait *bien*, lorsqu'ils ont agi « proprio motu », et qu'ils ont toujours été mis dedans (je me sers de cette expression un peu triviale, parce qu'elle rend bien ma pensée), lorsqu'ils ont eu affaire aux malacologistes étrangers.

Il ne pouvait, du reste, en être autrement.

Parmi les conchyliologistes de l'*ancienne* école, il ne s'en trouve *pas un seul* capable de bien nommer un Acéphale, par cela même que tous, sans exception, ne se sont jamais donné la peine d'étudier soit la description première, soit la figure-type, et qu'ils ont toujours eu la déplorable habitude de se rapporter, sans vérification, aux déterminations données par l'auteur, comme si celui-ci était un être infaillible.

J'ai montré, dans le premier volume de mes « Matériaux », à propos des mauvaises dénominations de l'Iconographie de mon bon ami de Francfort, combien ce dernier avait été trompé, par suite de sa trop grande confiance en l'abbé Dupuy et dans le père de la science.

Que l'on joigne à cette crédulité extrême la manie des réunions, véritable maladie endémique des gens de l'ancienne école, et l'on comprendra comment de réunion en réunion, d'approximation en approximation, l'on peut parvenir à faire dévier un type du tout au tout, surtout si ce soi-disant type, envoyé par l'auteur, n'est pas semblable à celui qui a été publié ou figuré.

Qu'un malacologiste italien vienne alors demander un conseil à un de ces savants, qu'arrivera-t-il? il sera mis dedans complètement (je tiens à mon expression), et, dans sa grande confiance en la haute science de la personne consultée, l'auteur italien signalera dans son pays des *piscinalis*, des *ponderosa*, des *cellensis*, des *Dupuyi*, sans oublier des *cygnæa* et des *anatina* qui font, chez les Anodontes, le même office que les *pictorum* et *Requieni* font chez les Unios.

Aussi ne rencontre-t-on, dans les ouvrages italiens, que des formes mal déterminées, qu'il est impossible de citer, parce que, sous une même appellation, se cachent des formes très différentes que les auteurs n'ont pas su, ou n'ont pas pu distinguer, soit parce qu'ils se sont basés sur des types faux, soit parce que, ne pouvant se reconnaître, ils ont amalgamé en une seule plusieurs espèces.

J'ai lu et parcouru presque tous les Mémoires ou les Catalogues de ce pays, j'avoue, qu'à l'exception des formes créées « proprio motu » il est impossible de citer une seule synonymie. Je passerai donc tous ces travaux sous le silence, sauf ceux de l'abbé Stabile, où se trouvent décrits et figurés quelques Acéphales sur lesquels je crois devoir émettre mon opinion.

Ainsi, dans sa *Fauna elvetica* (1846), l'abbé Stabile a fait connaître :

1° page 57, figure 67, sous le nom d'*anatina*, un jeune individu de l'*anatinella;*

2° p. 58, f. 68, sous celui de *glabra*, une forme qui n'est pas la *glabra* de Ziegler ni celle de Villa, mais l'*anatinella* adulte;

3° p. 58, f. 69, sous celui de *cellensis*, un jeune échantillon de la *Sebinensis;*

4° p. 59, f. 70, sous celui de *rostrata*, la *Sebinensis* à l'état parfait.

Dans ses Mollusques du canton de Lugano (1859), ce même auteur a décrit :

1° p. 47 et 61, l'*atrovirens* de Shuttleworth, à laquelle il reconnaît deux formes : une *normalis* et une *attenuata.*—L'une, la *normalis* (long. max. 126; épaiss. max. 44; haut. des sommets au bord infér. 62-64, haut. de la sommité de la crête dorsale au bord infér. 72-74 millim.) est plus haute, moins longue, avec un bord inférieur convexe et un rostre subrecourbé; l'autre, l'*attenuata* (long. max. 134; épaiss. max. 42; haut. des sommets au bord infér. 64, et de la sommité de la crête au bord infér. 68 millim.) possède des valves moins hautes, plus allongées, un bord inférieur subrectiligne, une partie rostrale droite, etc...;

2° p. 47 et 61, sous l'appellation de *piscinalis*,
deux formes distinctes, sous la désignation de variétés,
savoir : A, sa variété *anatinella*, à laquelle cet auteur rapporte ses *anatina* et *glabra* figurées (67 et
68) dans sa « Fauna elvetica » de 1846; et B, sa variété *rostrata*, à laquelle il réunit sa *cellensis* représentée (f. 70) dans sa « Fauna » citée ci-dessus. J'ai
dit plus haut que cette *rostrata* et cette *cellensis*
n'étaient que des *Sebinensis*; enfin, cet abbé mentionne à titre d'anomalie (p. 47 et 61), sous la déno-
mination de *contracta*, une troisième forme, qui,
d'après les caractères signalés « rostro brevissimo,
obtusissimo, ad *dextram inflexo*; margine ante-
riore, e contra, leviter ad *sinistram converso* » ne
peut être qu'un échantillon anormal.

En résumé, les Anodontes de l'abbé Stabile sont :

1° L'ATROVIRENS de Shuttleworth (var. *normalis*,
de Stabile);

2° L'ATTENUATA (var. *attenuata*);

3° L'ANATINELLA (Anod. anatina [non Linnæus], et
glabra [non Ziegler, nec Villa], et piscinalis, *var.*
anatinella);

4° La SEBINENSIS d'Adami (Anod. rostrata [non
Kokeil] et cellensis [non Schröter]).

Quant aux diverses Anodontes italiennes représen-
tées dans l'Iconographie de Kobelt, ou dans la Monographie de Clessin, j'ai exprimé mon opinion sur
chacune d'elles dans mes « *Matériaux sur les Mollusques Acéphales* ». Je renvoie à ce volume pour
ces espèces, de même que je prie mes amis de se re-

porter également à cet ouvrage pour toutes les formes
dont je ne donne pas les caractères.

Les Anodontes d'Italie, au nombre de 40, que je
vais faire connaitre, sont toutes établies d'après la
méthode nouvelle, c'est-à-dire sont basées, *pour le
moins*, sur trois signes distinctifs.

Ce groupe comprend des espèces caractérisées par
une convexité relativement énorme égalant ou dépassant même le tiers de la longueur, et par une hauteur
n'atteignant pas ou atteignant juste la moitié de la
longueur. Je ne connais en Italie qu'une espèce de
ce groupe.

ANODONTA DORIANA.

Anodonta Doriana, *Issel*, 1883.

Espèce très bombée-ventrue, d'une forme oblongue-
allongée dans une direction un tant soit peu descendante, à valves minces, légères, d'une coloration
foncée.

Long. max. 104
Haut. max 52
Épaiss. max. (à 26 des sommets, 55 du
rostre, 50 du bord antér., 28 de l'angle post.-
dorsal, et 35 de la base de la perpendiculaire). 36
Corde apico-rostrale 80

Bord supérieur faiblement arqué jusqu'à l'angle, puis descendant sous une direction parfois rectiligne, parfois un tant soit peu concave sur le rostre. Région antérieure développée, exactement ronde. Bord inférieur à peine convexe, avec un sentiment de sinuosité en arrière de la perpendiculaire et un très faible renflement aux trois quarts postérieurs, puis remontant doucement vers le rostre. Région postérieure allongée, un peu plus de deux fois plus longue que l'antérieure, allant en augmentant très faiblement en hauteur (1 millim. seulement) jusqu'à 22 en arrière de la perpendiculaire, ensuite finissant par s'atténuer (surtout supérieurement), pour se terminer par une partie rostrale subtroncatulée, aux trois quarts inférieure.

Sommets des plus obtus, non proéminents, se confondant dans la convexité de la région ombonale, toujours excoriés et montrant une nacre noire-bronzée à reflets métalliques, sur laquelle on remarque les traces de fortes rides concentriques très espacées. Arête dorsale sensible seulement à la région ombonale. Crête légèrement comprimée vers l'angle. Épiderme d'un vert-noirâtre foncé, passant en avant en un ton jaunacé, et sillonné par des stries grossières, feuilletées vers les contours. Nacre interne bleuacée un tant soit peu verdâtre, avec une large tache livide d'un jaune marron sur la surface correspondant à la région ombonale. Ligament postérieur médiocre, noir. Lunule allongée, subtriangulaire.

Cette espèce, dédiée à M. le marquis Giacomo Doria, de Gênes, a été découverte dans le lac d'Alice, près d'Ivrée, en Piémont.

*
* *

Les trois formes suivantes appartiennent au groupe des ventricosa et gallica.

ANODONTA ATROVIRENS.

Anodonta atrovirens, *Shuttleworth*, et atrovirens,
      var. normalis, *Stabile*, Moll. Lugano, p. 47
      et 61, 1859.

Cette grande espèce, assez bien décrite par l'abbé Stabile, vit dans le petit lac de Muzzano, ainsi que dans les fossés qui avoisinent ce lac.

Lorsque j'ai publié le premier volume de mes « Mollusques Acéphales », je ne connaissais cette forme que par une citation du malacologiste Pœtel (Cat. Conch.-Samml., p. 147, 1873).

ANODONTA ATTENUATA.

Anodonta atrovirens, *var*. attenuata, *Stabile*, Moll.
Lug., p. 47 et 61, 1859.

Habite avec la précédente. Je renvoie au travail de
l'abbé Stabile et à ce que j'ai dit ci-dessus (p. 83)
pour les différences de l'*attenuata* avec l'*atrovirens*.

ANODONTA FRAGILLIMA.

Anodonta mutabilis, *var*. fragilissima, *Clessin*,
      Anod. in : 2e édit. Chemnitz, p. 237 et
      Anod. fragilissima (même ouvrage), **p.** 280,
      pl. LXXXVII, f. 2, 1876.
Anodonta fragillima, *Bourguignat*, Moll. Acéph.,
      Syst. europ., I, 1881, p. 129.

Je ne connais pas le vrai type *fragillima* en Italie,
mais une forme plus grande, plus ventrue, à laquelle
j'ai attribué le nom d'*Anod. acyrta* (Moll. Acéph.,
I, p. 130), forme que j'ai considérée comme une variété *maxima* de l'espèce de Clessin.

Cette variété a été constatée aux environs de Florence et dans le petit lac de Massaciuccoli (près de
Viareggio), qui est une localité fort riche en Anodontes.

*
* *

Les espèces italiennes qui se rapportent au vrai
groupe des *cygnæana*, sont au nombre de cinq.

ANODONTA CYGNÆA.

Anodonta cygnæa, *Bourguignat*, Moll. Acéph., I,
      p. 140, 1881 (Mytilus cygnæus, *Linnæus*,
      Syst. nat. [éd. X, 1858], p. 706, n° 218, et,
      Hanley, ipsa Conch., Linn., p. 144, 1855).

On sait que le type de cette espèce est l'Anodonte
représentée figure 280 (Iconogr., V, 1836), par Rossmässler, sous le nom erroné de *cellensis*.

Je connais la vraie *cygnæa* de Ronchi, près Monfalcone, et du lac d'Alice, près d'Ivrée, où elle a été
recueillie, en 1871, par notre ami, le professeur
A. Issel, de Gênes (Lettre du 24 nov. 1882). Les
échantillons de cette localité contiennent fréquem-
ment de petites perles (voir la Note publiée à ce sujet par M. Issel dans les Bullettino de la Société
Malacologique italienne.

C'est donc par suite d'une erreur d'indication que
j'avais signalé (Misc. italo-mal., in : Natur. Siciliano, n° oct. 1882, p. 21) cette *cygnæa* aux environs de Gênes, où elle n'existe pas.

ANODONTA SAINT-SIMONIANA.

Anodonta Saint-Simoniana, *Fagot*, in : *Bourguignat*, Moll. Acéph., I, p. 142, 1881.

Je n'ai pu constater encore, en Italie, le type de
cet Acéphale du sud de la France et de la Suisse,

mais une forme un peu moins allongée et une idée plus convexe, provenant du lac de Bientina (prov. de Pise).

La Saint-Simoniana, comme on le sait, est une belle coquille à région antérieure très réduite, tandis que sa postérieure est largement dilatée. Par sa forme en fer de lance, cette espèce est pour le groupe des *cygnæana*, ce qu'est la *Rayi* pour celui des *Anatiniana*.

ANODONTA OBLONGA.

Anodonta oblonga, *Millet*, in : Mém. Soc. agric. d'Angers, I (3ᵉ livr., 1833), p. 242, pl. XII, f. 1.

Cet Acéphale parait abondant : 1° dans le lac de Massaciuccoli, près de Viareggio, où l'on en rencontre de très grands échantillons, souvent très bombés ; 2° dans le lac de Bientina (pr. de Pise), où les individus sont plus typiques.

On trouve encore, mais plus rarement, l'*oblonga* dans le lac d'Alice, près d'Ivrée, enfin, dans les fossés du pays d'Ostiglia (pr. Mantoue), les individus de cette dernière localité sont d'une taille si médiocre (long. max. 64, haut. max. 36), qu'ils constituent une *varietas minuta*, à laquelle j'ai attribué provisoirement l'appellation de MANTUACINA.

ANODONTA DEL PRETEI.

Anodonta Del Pretei, *Bourguignat*, Misc. italo-
malac., in : Natur. Sicil., n° oct. 1882, p. 21.

Commune dans le lac de Massaciuccoli, près de
Viareggio, où elle vit en compagnie de l'oblonga, de
la Raimondoi et de la fragillima, *var.* acyrta.

ANODONTA ISSELI.

Long. max.	93
Haut. max.	52
Épaiss. max. (à 28 des sommets, de l'an- gle et de la base de la perpend., à 50 du rostre et à 43 du bord antérieur).	32
Corde apico-rostrale.	72
Dist. des sommets à l'angle post.-dorsal.	34
— de l'angle au rostre.	44
Haut. de la perpendiculaire.	50
Dist. de la perpend. au bord antér. . . .	30
— du même point de la perpend. au rostre.	63 1/2
Dist., enfin, de la base de la perpend. à l'angle.	57

La convexité, dont le maximum est, pour ainsi
dire, médian, est relativement très forte pour sa
taille.

Cette espèce est une forme oblongue, haute pour sa
longueur, à valves assez épaisses, d'une teinte foncée

cendrée-rougeâtre, passant le plus souvent à un ton
d'un rouge-marron ardent. Bord supérieur presque
rectiligne jusqu'à l'angle, puis recto-descendant jusqu'au rostre. Région antérieure relativement grande,
bien ronde. Bord inférieur assez convexe dans toute
son étendue. Région postérieure un peu plus de deux
fois plus longue que l'antérieure, augmentant de
2 millim. en hauteur jusqu'à 20 millim. en arrière
de la perpendiculaire, puis s'atténuant (surtout supérieurement) en un rostre troncatulé inférieur.

Sommets très obtus, non proéminents, comme
écrasés, jamais excoriés, et ornés de nombreuses
rides saillantes, régulièrement espacées les unes des
autres, subrecto-tremblotées vers leur partie médiane, enfin formant un dessin des plus gracieux.
Arête dorsale médiocrement prononcée. Crête légèrement comprimée. Épiderme brillant, d'un marron-
rougeâtre intense uniforme, poussant au noirâtre
vers les contours, où les stries sont un peu grossières.
Nacre interne d'une nuance bleuâtre, passant au bleu
saumoné ou rougeâtre sous les sommets. Ligament
postérieur saillant, assez court. Lunule très exiguë.
Ligament antérieur filiforme.

Cette Anodonte que je me fais un plaisir de dédier
à notre excellent ami, le savant professeur Artur
Issel, de Gênes, vit dans les Valli ostigliesi, c'est-
à-dire dans les canaux ou fossés d'Ostiglia (pr. de
Mantoue).

Je ne sais si c'est par un effet du hasard, mais je

n'ai jamais vu que deux fois la forme adulte de cette espèce, tandis que j'ai eu, entre les mains, un grand nombre de jeunes échantillons, qui, pour la plupart, ont un épaississement si sensible au bord palléal, que l'on pourrait les prendre pour des individus à l'état parfait. Ces individus, de la même provenance que le type, ne me paraissent les uns n'être que des jeunes, les autres qu'une forme enrayée dans sa croissance par suite du desséchement des canaux pendant les ardeurs de l'été. On sait que chez les Planorbes, les Limnées, etc..., la baisse des eaux des canaux ou des fossés a pour effet d'arrêter momentanément ces Mollusques dans leur développement, et qu'alors ils entourent leur bouche d'un encrassement péristomal qui lui donne une apparence d'espèces adultes. Quoi qu'il en soit, je considère ces petites Anodontes, qui offrent, du reste, à peu de chose près, les mêmes signes distinctifs comme une *varietas minor* (L. 70-75; h. 40-43 mill.) de l'Isseli, parce qu'il m'est impossible de les distinguer du type par trois caractères nets et tranchés. Je ne veux pas agir, en cette circonstance, comme cette personne qui, après avoir lancé l'anathème sur la méthode nouvelle, établit « sur des différences peu accentuées » une Succinée, « que j'élève au rang spécifique, dit-elle, pour me conformer à l'esprit des naturalistes de notre époque (1) ».

____

(1) Morelet, in : ann. museo civico di Genova, III. 1872, p. 192.

* *

L'espèce italienne, dont je vais donner les caractères, appartient à la série des Anodontes à stries ellipsoïdes.

ANODONTA ANTINORIANA.

Petite espèce ovalaire, peu ventrue, à valves minces, délicates, bâillantes en avant et inférieurement, ainsi qu'en arrière entre l'angle et le rostre.

Long. max. 53
Haut. max. 31 1/2
Épaiss. max. (à 17 des sommets, 22 du bord antérieur, 30 du rostre, 18 de l'angle post.-dorsal, et 15 de la base de la perpend.). 16
Corde apico-rostrale. 44
Dist. des sommets à l'angle 20
— de l'angle au rostre. 29
Haut. de la perpendiculaire. 29
Dist. de la perpend. au bord ant. 15
— du même point de la perpend. au rostre. 38
Dist., enfin, de la base de la perpend. à l'angle. 33

Bord supérieur rectiligne jusqu'à l'angle, puis recto-incliné vers le rostre. Région antérieure arrondie, décurrente à la base. Bord inférieur régulièrement convexe-descendant. Région postérieure deux fois et demie plus longue que l'antérieure, allant en

augmentant (par suite de la convexité du bord inférieur) en hauteur jusqu'à 20 millim. en arrière de la
perpendiculaire, puis s'atténuant assez vite en une
partie rostrale troncatulée, aux trois quarts inférieure.

Sommets écrasés, sans convexité, à crochets très
aigus, et élégamment ornés de rides saillantes et
bien espacées. Arête dorsale confondue dans la convexité. Crête assez comprimée. Épiderme peu brillant, d'une teinte cendrée-violacée, passant au verdâtre vers le rostre, et sillonné par des striations de
forme ellipsoïde, assez grossières seulement vers les
contours. Nacre interne bleuacée bien irisée, orangée
sous les sommets. Ligament postérieur symphynoté.
Lunule grande, allongée. Ligament antérieur filiforme, très long.

Cette espèce que je dédie au savant voyageur, le
marquis Orazio Antinori, dont l'Italie déplore la perte
récente, vit dans les canaux de Castel d'Ario (prov.
de Mantoue).

Les Adamiana italiennes sont :

ANODONTA ADAMII.

Anodonta Adamii, *Bourguignat*, Moll. Acéph., I,
    1881, p. 191.

Lac de Bientina dans la province de Pise, et canaux de Nosedole, dans celle de Mantoue.

ANODONTA DE BETTANA.

Anodonta de Bettana, *Martinati*, in : *Bourguignat*,
  Moll. Acéph., I, 1881, p. 193 (Anod. leprosa [non Parreyss, Clessin et autres], *var.*
  de Bettana, *Gredler*, Tyrol's, Conch., II,
  Abth., 1859, p. 18, f. 2 *C* et *B*).

Cet Acéphale n'est connu que du lac Montikler
(Tyrol italien). Espèce remarquable par son arête
dorsale pourvue de deux sillons très saillants, diver-
geant des sommets au rostre.

ANODONTA LOPPIONICA.

Anodonta Loppionica, *Bourguignat*, Moll. Acéph.,
  I, 1881, p. 194.

Lac Loppio (Tyrol italien), et Nosedole (prov. de
Mantoue).

*
* *

Ces trois espèces que jadis j'avais rangées dans les
séries des Spengleriana et Picardiana, constituent
actuellement, d'après ma nouvelle classification, un
groupe spécial, particulier à la péninsule italique.

ANODONTA MERETRIX.

Anodonta meretrix, *Bourguignat*, Moll. Acéph., I,
  1881, p. 308.

Lac de Pérouse.

ANODONTA TRASIMENICA.

Anodonta trasymenica, *Bourguignat*, Moll. Acéph.,
      I, 1881, p. 307 (Anod. idrina [non Spinelli],
      var. trasymenica, *Kobelt*, Iconogr., VII
      Band., p. 35, f. 1958).

Lac de Pérouse.

ANODONTA MONTEROSATI.

Anodonta Monterosati, *Bourguignat*, Moll. Acéph.,
      I, 1881, p. 330.

Lac de Pérouse, au nord de Pasignano.

L'eporodiana, que je vais décrire, appartient à la
série des *intermedia*, série autrefois classée dans le
groupe des *Spengleriana*, groupe que de nouvelles
études m'ont amené à modifier du tout au tout.

ANODONTA EPOREDIANA.

Anodonta eporediana, *Issel*, mss.

Espèce oblongue dans le sens horizontal, très ventrue dans toutes ses parties, à valves minces, d'une
coloration très foncée, et très bâillantes en avant et au
contour du bord inférieur.

Long. max. 105
Haut. max. 54

Épaiss. max. (à 27 des sommets, 55 du rostre,
51 du bord antér., 28 de l'angle post.-dorsal,
et 38 de la base de la perpendiculaire. 37
   Corde apico-rostrale. 80
   Dist. des sommets à l'angle. 42
     — de l'angle au rostre. 44
   Haut. de la perpendiculaire.. 53
   Dist. de la perpend. au bord antér. 33
     — du même point de la perpend. au rostre. 71
     — enfin, de la base de la perpend. à l'angle
postéro-dorsal.. 64

Bord supérieur très faiblement arqué jusqu'à
l'angle, puis recto-déclive sur le rostre. Région antérieure exactement ronde, non décurrente. Bord inférieur régulièrement arqué dans toute son étendue.
Région postérieure allongée dans le sens transversal,
dépassant un peu plus de deux fois la longueur de
l'antérieure, allant en augmentant en hauteur seulement d'un millimètre jusqu'à 28 en arrière de la
perpendiculaire, puis, à partir de la verticale de
l'angle postéro-dorsal, s'atténuant en un rostre obtus, arrondi, subaigu, aux deux tiers inférieur (chez
la variété *minor*, le rostre est aux trois quarts inférieur).

Sommets très obtus, très ventrus-gonflés sans être
proéminents, toujours excoriés et offrant une nacre
d'un reflet bronzé sur laquelle on remarque des vestiges de rides concentriques très espacées. Arête dorsale très bombée-ventrue, bien prononcée des sommets au rostre, limitée supérieurement par un sillon

accentué. Crête sensiblement comprimée vers l'angle.
Épiderme foncé d'une teinte jaunacée avec des zones
verdâtres, poussant au noir postérieurement, et sillonné par des striations assez grossières, feuilletées
vers les contours. Nacre interne irisée-bleuacée vers
le contour palléal, passant au centre en un ton rougeâtre, puis, sous les sommets, en une nuance marron métallique. Ligament postérieur saillant, gros et
médiocrement allongé. Lunule très longue et fort
étroite.

Cette Anodonte vit dans le lac d'Alice près d'Ivrée,
en Piémont.

Cette nouvelle espèce italienne fait partie de la
série des *Sturmiana*, série que j'ai séparée dernièrement du groupe des *Depressiana*, parce que ses
espèces (*Sturmi*, *Lutetiana*, etc.) m'ont paru avoir
un cachet tout particulier, bien distinct de celui
qu'offrent les formes dépressianiennes.

ANODONTA GESTROI.

Jolie coquille de forme subovalaire, très arquée-
convexe inférieurement, à valves délicates, très brillantes, d'une belle nuance marron-rougeâtre, et remarquable par la régularité de la convexité, dont le
maximum se trouve pour ainsi dire central.

Long. max. 82
Haut. max. 49

<table>
<tr><td>Épaiss. max. (à 23 des sommets, 36 du bord antérieur, 46 du rostre, 28 1/2 de l'angle postéro-dorsal et 27 de la base de la perpend.)....</td><td>29</td></tr>
<tr><td>Corde apico-rostrale................</td><td>65</td></tr>
<tr><td>Dist. des sommets à l'angle...........</td><td>31</td></tr>
<tr><td>— de l'angle au rostre............</td><td>39</td></tr>
<tr><td>Haut. de la perpendiculaire...........</td><td>47</td></tr>
<tr><td>Dist. de la perpend. au bord antérieur.....</td><td>26</td></tr>
<tr><td>— du même point de la perpend. au rostre.</td><td>57</td></tr>
<tr><td>— enfin, de la base de la perpend. à l'angle postéro-dorsal..................</td><td>53</td></tr>
</table>

Bord supérieur recto-horizontal jusqu'à l'angle, puis rectiligne-descendant sur le rostre. Région antérieure bien développée, exactement ronde, tout en étant, néanmoins, légèrement décurrente vers la base. Bord inférieur très convexe-arrondi dans toute son étendue. Région postérieure un peu plus de deux fois plus longue que l'antérieure, augmentant en hauteur, par suite de la convexité du bord inférieur, de 2 millim. jusqu'à 23 en arrière de la perpendiculaire, puis s'atténuant en une partie rostrale, très obtuse, arrondie, aux deux tiers inférieure.

Sommets écrasés, ne donnant lieu à aucune saillie, à crochets très aigus, enfin sillonnés par de petites rides serrées et tremblotées. Arête dorsale confondue dans la convexité. Crête comprimée. Épiderme très brillant, d'une teinte uniforme foncée d'un marron rougeâtre. Stries très délicates sur la partie ventrale, plus fortes vers les contours. Nacre interne blanchâtre, très faiblement bleuacée, légèrement carnéolée sous les sommets. Ligament postérieur aux trois quarts symphynoté. Lunule allongée. Charnière assez robuste, notamment sur la région latérale. On remarque, sur la valve dextre, un épaississement subdentiforme au niveau des crochets.

Cette Anodonte, à laquelle j'attribue le nom de M. R. Gestro, de Gênes, vit dans les canaux du pays d'Ostiglia (prov. de Mantoue).

*
* *

Une seule espèce du groupe des *Depressiana* a été rencontrée dans la péninsule.

ANODONTA DEPRESSA.

Anodonta depressa, *Schmidt*, Conch. Krain, p. 27, 1848, et *Bourguignat*, Moll. Acéph., I, 1881, p. 221.

Lac d'Avigliano, près de Turin.

*
* *

Les *Rostratiana* sont les trois suivantes :

ANODONTA LIMPIDA.

Anodonta limpida, *Parreyss*, in : *Brusina*, Moll. Dalm., p. 131, 1866, et *Clessin*, Anod. (2e édit. Chemnitz), p. 126, pl. XL. f. 1-2, 1876, et *Bourguignat*, Moll. Acéph., I, 1881, p. 232.

Je n'ai pas à signaler le type de cette espèce, qui est fort commune dans la vallée de la Narenta, mais une *varietas* ITALICA tout à fait identique, sous tous les rapports, aux échantillons dalmates, sauf qu'elle est moitié plus petite.

Cette *varietas* ITALICA a été recueillie aux environs de Mantoue.

ANODONTA SEBINENSIS.

Anodonta sebinensis, *Adami*, 1878, in : *Bourguignat*, Moll. Acéph., I, 1881, p. 232. [Anodonta idrina (non, Spinelli) *Clessin*, Anod., pl. LV, f. 1-2, et *Kobelt*, Iconogr., f. 1156. — Anodonta rostrata (non Kokeil) et Anod. cellensis (non Schroter) de *Stabile*, 1846.]

Lac d'Iseo, en Lombardie, et dans la Tresa et le lac Muzano dans le canton de Lugano (Suisse italienne).

ANODONTA BLANCI.

Anodonta Blanci, *Bourguignat*, Moll. Acéph., I, 1881, p. 233.

Lac d'Avigliano, près de Turin. Le type de cette espèce, dédiée à M. Hippolyte Blanc, de Portici, se trouve dans l'étang de Saint-Paul, près de Thonon, en Savoie.

*
* *

Le groupe des *Anatiniana* se trouve [représenté
par ces trois formes :

ANODONTA ÆCHMOPSIS.

Anodonta æchmopsis, *Bourguignat*, Moll. Acéph., I,
1881, p. 247.

Je rapporte à cette espèce, qui a été constatée depuis la Savoie jusqu'en Croatie, un jeune échantillon
bien caractérisé des environs de Mantoue.

ANODONTA ANATINA.

Anodonta anatina, *Rossmässler*, Iconogr., V et VI,
1837, f. 417 (seulement), et *Bourguignat*,
Moll. Acéph., I, 1881, p. 253. [Mytilus ana-
tinus, *Linnæus*, Syst. nat., p. 706, n° 219,
édit. X, 1758, et *Hanley*, ipsa Linn. Conch.,
p. 144, pl. ii, f. 1 (optima), 1855 (non, Anod.
anatina des auteurs)].

J'ai constaté le type de cette Anodonte, presque
inconnue, parmi des échantillons recueillis aux environs de Mantoue.

ANODONTA PALUSTRIS.

Anodonta palustris, *d'Orbigny*, in : *Ferussac*, art.
Anod. in : Dict. Hist. nat., 1, 1832, p. 397,

et *Bourguignat*, Moll. Acéph., I, 1881,
p. 256. (Anod. alpestris, *Charpentier*. —
Anod. tenella, *Held*, in : *Kuster*, 1852.)

Individus bien caractérisés aux environs de
Mantoue.

*
* *

Trois Anodontes représentent également dans la
péninsule le groupe des *Westerlundiana*.

ANODONTA GLABRA.

Anodonta glabra, *Villa*, Disp. syst. Conch., p. 40
(s. caract.), 1841, et *Bourguignat*, Moll.
Acéph., I, 1881, p. 262 (non, Anod. glabra,
de *Ziegler* mss, que *Schmidt* rapporte à sa
depressa ; nec, Anod. glabra de *Stabile*,
qui est *son* anatinella).

J'ai reçu plusieurs fois cette espèce des rivières de
Lombardie, mais sans indication précise de localité.

ANODONTA IDRINA.

Anodonta idrina, *Spinelli*, Cat. Moll. Bresc., p. 19,
f. 5-6, 1851, et (2e édit. 1856) p. 48, f. 5-6,
et *Bourguignat*, Moll. Acéph., I, 1881,
p. 264 (non Anodonta idrina des auteurs
allemands).

Abondante dans le lac d'Idro, en Lombardie.

ANODONTA NYCTERINA.

Anodonta nycterina, *Bourguignat*, Moll. Acéph., I,
1881, p. 104 et 266. [Anod. anatina (non
Linnæus nec Rossmässler) de *Drouët*, Ét.
Naiades Fr., pl. IV, f. 1.]

Je n'ai pas encore vu le type de cet Acéphale, en
Italie, mais une variété différant seulement par une
taille un peu moins haute. Environs de Mantoue.

*
* *

Je ne connais dans la péninsule qu'une forme du
groupe des Acalliana.

ANODONTA EXULCERATA.

Anodonta exulcerata, *Villa*, in : *C. Porro*, Mal.
prov. Comasca, p. 3, pl. II, f. 12, 1838, et
Villa, Disp. syst. Conch., 1841, p. 61, et
Bourguignat, Moll. Acéph. 1, 1881, p. 275
(non Anod. exulcerata de *Clessin*, qui la
Benacensis).

Abondante dans les petits lacs d'Oggiono, d'Al-
serio et de Pusiano, près Brianza, en Lombardie. Je
possède quelques échantillons, qui m'ont été donnés
jadis par Villa, comme provenant des environs de

Milan, mais je doute de l'exactitude de cette localité.

Notre ami le Dr G. Servain vient de découvrir cette forme en France ; il n'y a *aucune* différence entre les types italiens et ceux de notre pays.

*
* *

Le groupe des Arealiana a pour représentants trois formes distinctes.

ANODONTA AREALIS.

Anodonta arealis, *Kuster*, Anod. in : 2ᵉ édit. Chemnitz, p. 47, pl. ix, f. 2-4, 1852, et *Bourguignat*, Moll. Acéph., I, 1881, p. 283 (olim Anod. emeria, *Bourg.* mss.).

Je signale, comme italienne, cette espèce, bien que je ne la connaisse que de l'Aussa, près d'Aquiléo et des environs de Monfalcone.

ANODONTA SUBAREALIS.

Anodonta subarealis, *Fagot*, in : *Bourguignat*, Moll. Acéph., I, 1881, p. 283.

Ce n'est pas une forme typique de cet Acéphale que j'ai à constater, mais une variété *minor* découverte dans les eaux de Castelgoffredo, et que j'ai reçue sous le nom impossible de *piscinalis*.

ANODONTA BENACENSIS.

Anodonta benacensis, *Villa*, Disp. syst. Conch., p. 61,
1841, et in: Bull. Soc. mal. Ital., 1871, p. 94,
et *de Betta*, Moll. prov. Veron., p. 136,
1870 ; et Mal. Veneta, p. 132, 1870, et *Bourguignat*, Moll. Acéph., I, 1881, p. 287
[Anod. exulcerata (non Villa) de Clessin].

Commune sur les bords arénacés du lac de Garde,
à Peschiera, Lazise, etc., et dans les cours d'eau
des environs de Bergame.

*
* *

L'espèce dont je vais donner les caractères, possède, à l'endroit de l'angle postéro-dorsal, un aileron
collétoptérien soudé, et un ligament *externe* en avant,
interne postérieurement par suite de l'expansion de
l'aileron. Si cette Anodonte était pourvue d'une charnière et d'un ligament *antérieur interne*, on pourrait presque l'assimiler à un collétoptère. Malheureusement, cette espèce ne peut appartenir à ce genre,
attendu que la charnière manque, que le ligament
antérieur est externe, enfin que le postérieur n'est
interne que dans sa seconde moitié. C'est donc bien
une Anodonte, type d'un groupe spécial.

ANODONTA BECCARIANA.

Petite espèce de forme obtusément subtriangulaire

peu allongée dans une direction descendante, faiblement ventrue, très dilatée et fortement comprimée à la région de la crête dorsale; enfin, possédant des valves minces, délicates, bâillantes seulement entre l'angle et le rostre.

Long. max. 56

Haut. max. 37

Épaiss. max. (à 15 des sommets et de l'angle postéro-dorsal, 28 du bord antérieur, 30 du rostre, et 23 de la base de la perpendiculaire). . 15

Corde apico-rostrale. 45

Dist. des sommets à l'angle. 20

— de l'angle au rostre. 32

Haut. de la perpendiculaire. 32

Dist. de la perpendiculaire au bord antérieur. 18

— du même point de la perpendiculaire au rostre 38

— enfin, de la base de la perpendiculaire à l'angle postéro-dorsal 37

Bord supérieur recto-horizontal jusqu'à l'angle, où se trouve un aileron soudé formant saillie, puis, à partir de l'angle, descendant presque rectilignement jusqu'au rostre. Région antérieure arrondie, fortement décurrente à la base, ce qui la rend peu développée en hauteur. Bord inférieur bien convexe dans une direction déclive. Région postérieure un peu plus de deux fois plus longue que l'antérieure, augmentant en hauteur, par suite de la convexité du bord inférieur, jusqu'à 20 millim. en arrière de la perpendiculaire, puis s'atténuant brusquement en une partie rostrale ronde, très obtuse, inférieure et regardant en bas.

Sommets écrasés, ne donnant lieu à aucune saillie, sillonnés par des rides tremblotées. Arête dorsale confondue dans la convexité, néanmoins accusée par deux simulacres de rayons très obsolètes. Crête courte (long. 20 millim.), fortement comprimée, notamment vers l'angle postéro-dorsal, où se développe une dilatation (sorte d'aileron) formant une saillie de 3 millim. au-dessus de la ligne horizontale du contour supérieur. Cette dilatation ailée, entièrement soudée, recouvre le ligament postérieur, qui devient interne.

Épiderme d'une teinte cendrée, passant au verdâtre vers les contours. Stries accentuées, parfois grossières. Nacre interne éclatante, d'une nuance bleuacée bien irisée. Ligament postérieur court, externe jusqu'à la moitié de son étendue, puis interne par suite de la dilatation ailée. Lunule très développée, allongée. Ligament antérieur externe, filiforme.

Cette belle espèce, que je dédie au savant voyageur Beccari, de Gênes, a été recueillie dans les eaux de Castel d'Ario (prov. de Mantoue).

*
* *

ANODONTA LEPROSA.

Anodonta leprosa, *Parreys*, in : *de Betta*, Moll. prov.
    Veron., 1870, p. 137 ; et Malac. Veneta,
    1870, p. 132 ; et *Bourguignat*, Moll. Acéph.,
    I, 1881, p. 193 (non Anod. leprosa de
    Gredler, 1859, et de la plupart des auteurs).

Commune dans le lac de Garde, entre Peschiera et la presqu'île de Sermione, ainsi que sur le rivage du côté de Larize.

ANODONTA CAROTÆ.

Anodonta Carotæ, *Bourguignat*, Moll. Acéph., I, 1881, p. 292.

Rivières de Lombardie et du Piémont.

$$\ast\ \ast\ \ast$$

J'avais compris la *Raimondoi* dans le groupe des *Milletiana*, mais, lorsque je me suis trouvé, dans ces derniers temps, en présence de nombreuses formes nouvelles envoyées par mes amis et correspondants, j'ai reconnu qu'il était nécessaire de subdiviser ce groupe. J'ai, donc, conservé pour les formes tout à fait circulaires la série des Milletiana, et, pour les autres moins exactement rondes, j'ai été forcé de les répartir dans des séries distinctes, séries dont je donnerai la caractéristique, quand je publierai le supplément des Anodontes.

Ainsi, la *Raimondoi* fait partie actuellement d'un groupe spécial, dans lequel j'ai admis la *tricassina*, que j'avais primitivement classée dans celui des Spenlgeriana.

ANODONTA RAIMONDOI.

Anodonta Raimondoi, *Bourguignat*, Misc. italo-malac., in Natur. Sicil., oct. 1882, p. 23.

Belle espèce, du lac Massaciuccoli, près de Viareggio, de forme écourtée, ovalaire, qui serait presque ronde, si sa région inféro-antérieure n'était pas aussi décurrente.

ANODONTA TRICASSINA.

Anodonta tricassina, *Pillot*, in : *Bourguignat*, Moll. Acéph., I, 1881, p. 323.

Cette coquille, que je ne connaissais que de Troyes en Champagne, est une espèce qui semble fort répandue. Ainsi je l'ai reçue, depuis 1881, du canal de Nevers et de l'étang de Vaux, près de Saint-Saulge, dans la Nièvre ; de la Maine, à Angers ; du Canal du Midi, à Villefranche-Lauraguais ; du Mein à Francfort; du Weser à Vegesak, près de Brême, etc…, enfin des cours d'eau des environs de Castel d'Ario (prov. de Mantoue), où elle se trouve bien typique.

Ces trois formes, les dernières que je connaisse pour l'instant dans la péninsule, sont des espèces voisines comme aspect des *Milletiana*, mais différentes, cependant, en ce sens qu'elles sont moins rondes, un peu plus ovalaires et que leur région postérieure est terminée par une petite partie rostrale écourtée.

ANODONTA ARTURI.

Coquille d'une forme ovalaire dans une direction légèrement descendante, haute pour sa taille, à convexité presque centrale, possédant des valves minces, d'un coloris riche et brillant, enfin bâillantes sur tout le contour antéro-inférieur, ainsi qu'entre l'angle et le rostre.

Long. max. 79

Haut. max. 47

Épaiss. max. (à 26 des sommets, 40 du rostre, 39 du bord antérieur, 24 de l'angle post.-dors., et de la base de la perpendiculaire). 26

Corde apico-rostrale. 63

Dist. des sommets à l'angle. 29

— de l'angle au rostre 40

Haut. de la perpendiculaire. 43

Dist. de la perp. au bord antérieur 24

— du même point de la perp. au rostre. . . 55

— enfin, de la base de la perp. à l'angle postéro-dorsal 48

Bord supérieur rectiligne jusqu'à l'angle, puis descendant sur le rostre sous un contour légèrement concave. Région antérieure assez ample, arrondie et décurrente à la base. Bord inférieur régulièrement convexe dans une direction déclive. Région postérieure deux fois plus longue que l'antérieure, allant en augmentant en hauteur, par suite de la convexité inféro-marginale, jusqu'à 23 en arrière de la perpendiculaire, ensuite s'atténuant, surtout en dessus, en un rostre obtus, aux trois quarts inférieur. Sommets non proéminents, très obtus, ventrus seulement par suite de la convexité générale de la région ombonale, et ornés de rides délicates. Arête dorsale accentuée, signalée par une coloration plus intense, présentant supérieurement une descente rapide sur la crête, qui est relativement développée et passablement comprimée. Nacre interne d'un blanc irisé de tons bleuacés. Épiderme très brillant, d'une nuance cendrée sur la région ombonale, passant en un beau ton jaune vers les contours, enfin orné de radiations bien vertes qui, sur la partie entre la crête et l'arête, finissent par se confondre pour former une coloration uniforme foncée. Ligament postérieur très court, à moitié symphynoté. Lunule très développée, de forme oblongue.

Cette Anodonte, à laquelle j'ai attribué le prénom de notre ami le professeur Artur Issel, a été recueillie dans les cours d'eau de Nosedole (prov. de Mantoue).

ANODONTA ANATINELLA.

Anodonta anatina (non Linnæus), *Stabile*, Faun. elvet., p. 57, f. 67-68, 1846.
Anodonta piscinalis (non Nilsson), *var.* anatinella, *Stabile*, Moll. Lug., p. 47 et 61, 1859.

Cette forme, que l'abbé Stabile signale du Cérisio, notamment vers Agno, Agnuzzo (ou Ainuzze), ainsi que de la Trésa, entre les lacs Lugano et Majeur, a été retrouvée également aux environs de Nosedole. Les échantillons de cette localité correspondent exactement à la figure 68 de l'ouvrage de l'abbé Stabile, et possèdent tous les signes distinctifs reconnus par cet auteur.

Cette espèce est d'une forme plus arrondie que la précédente ; sa convexité, moins accentuée, est plus régulièrement répartie ; le rostre, moins prononcé, est plus obtus ; l'arête dorsale, moins accusée, se confond dans la convexité, et la descente entre l'arête et la crête, non aussi rapide que celle de *l'Arturi*, est au contraire régulière ; enfin, les sommets, plus écrasés, paraissent moins renflés à la région ombonale.

ANODONTA ARNOULDI.

Cet Acéphale, qui vit aussi dans les cours d'eau des environs de Nosedole, est une forme qui semble avoir une grande extension.

Ainsi, je la connais de plusieurs lacs de Suisse, notamment de celui de Morat, où se trouve le type, puis du canal de Nevers dans la Nièvre en France, enfin, de la Lesum et du Weser, près de Vegesak, non loin de Brême, où elle parait assez abondante.

L'*Arnouldi* est une espèce ovalaire- subarrondie, à partie rostrale des plus obtuses, à convexité régulière, mais dont le maximum, néanmoins, est assez rapproché des sommets ; ses valves très bâillantes en avant, sont brillantes, délicatement striées, sauf vers les contours, où les striations sont fortement feuilletées. Sur la région ventrale, les stries sont si fines que la surface est comme lisse.

Long. max 80

Haut. max 52

Épaiss. max. (à 18 des sommets, 48 du rostre,
34 du bord intérieur, 26 1/2 de l'angle, et 34 de
la base de la perpendiculaire) 27

Corde apico-rostrale 63

Dist. des sommets à l'angle 29

— de l'angle au rostre 42

Haut. de la perpendiculaire 49

Dist. de la perp. au bord antérieur 28

— du même point de la perpend. au rostre. 53

— enfin, de la base de la perp. à l'angle. . 56

Bord supérieur rectiligne jusqu'à l'angle, descendant, ensuite, presque à pic en ligne droite. Région
antérieure développée, ronde, légèrement décurrente
à la base. Bord inférieur très régulièrement convexe.
Région postérieure pas tout à fait deux fois aussi
longue que l'antérieure, augmentant en hauteur jusqu'à 28 en arrière de la perpendiculaire, puis s'atténuant brusquement, par une descente supérieure rapide, en un rostre très obtus, presque aux trois quarts
inférieur. Sommets non proéminents, très faiblement
convexes et délicatement ridés. Arête dorsale peu accentuée, accusée seulement par une coloration plus foncée
et parfois par deux légers sillons obsolètes, sensibles
vers le rostre. Crête comprimée. Nacre interne blanche
irisée. Épiderme d'un jaune uniforme passant quel-
quefois au verdâtre, avec quelques radiations plus
vertes. Ligament postérieur court, entièrement recouvert. Lunule très allongée.

Cette espèce est dédiée au savant malacologiste de Lyon, M. Arnould Locard, qui le premier nous l'a fait connaître.

Tels sont les Unionidæ de la péninsule italique qui me sont connus. Leur nombre dépasse une centaine. Si ce chiffre semble exorbitant à quelques auteurs italiens, je dois avouer que, pour moi, il me parait bien faible en comparaison de celui des espèces qui doivent exister dans leur pays.

Je n'ai pas voulu faire une monographie des Unionidæ d'Italie. Le moment n'est pas encore venu pour entreprendre un semblable travail, j'ai simplement désiré présenter, afin de poser un jalon, un aperçu des différentes FORMES basées sur trois caractères, d'après les principes nouveaux.

Je n'ai pas donné une extension complète aux descriptions des Unios, parce que je compte les publier avec tous les développements désirables dans la suite de mes Mollusques acéphales.

Ce Mémoire va soulever, je le sais, de nombreuses critiques, mais je prie mes amis, avant de porter un jugement, de se rappeler ces paroles que publiait Lamarck, un des chefs de la nouvelle école, dans son introduction à cet admirable ouvrage des « Animaux sans vertèbres ».

« On sait, en effet, disait ce savant, que tout ouvrage, SCIENTIFIQUE SURTOUT, *ne peut être lu ou*

étudié profitablement, QUE DANS L'ESPRIT QUI A
GUIDÉ SON AUTEUR ; sauf à juger ensuite s'il s'est plus
ou moins rapproché du but qu'il voulait atteindre ;
car, en l'examinant *avec un esprit contraire ou pré-
venu,* LES CONSIDÉRATIONS LES MIEUX ÉTABLIES, LES
VÉRITÉS MÊME LES PLUS CLAIRES, NE PARAISSENT
QUE DES ERREURS ».

J. R. B.

Saint-Germain, juillet 1883.

PARIS. — IMP. DE Mme VEUVE BOUCHARD-HUZARD, RUE DE L'ÉPERON, 5;
JULES TREMBLAY, gendre et successeur.